L'ORACLE DE LA FEMME ENRACINÉE

MÉDITATIONS GUIDÉES (EN ANGLAIS) PAR SHARON BLACKIE

Disponibles sur l'application audio
Empower You Unlimited

A Woman's Journey to Rootedness

Guided Imagination Journey for Transformation and Renewal: Psyche and Eros

Guided Imagination Journey to Understand Your Soul's Desires: The Witch

SHARON BLACKIE
ILLUSTRÉ PAR HANNAH WILLOW

L'ORACLE DE LA FEMME ENRACINÉE

GUIDE D'UTILISATION

ÉDITIONS
VÉGA

Titre original de cet ouvrage : *The Rooted Woman Oracle*

Publié pour la première fois au Royaume-Uni par : Hay House UK Ltd.
www.hayhouse.co.uk
Publié aux États-Unis par : Hay House Inc.
www.hayhouse.com
Publié en Australie par : Hay House Australia Ltd.
www.hayhouse.com.au
Publié en Inde par : Hay House Publishers India.
www.hayhouse.co.in

Traduit de l'anglais par Justine Coppeaux.

ISBN : 978-2-38135-434-7

info@guytredaniel.fr
www.editions-tredaniel.com
www.facebook.com/tredanieleso
@tredaniel_eso

Imprimé en Chine

SOMMAIRE

LES CARTES

1E SUITE : LES LIEUX

2^E^ SUITE : LES ALLIÉES

3E SUITE : LE VOYAGE

INTRODUCTION

L'*Oracle de la femme enracinée* m'est venu suite à la publication de ma première non-fiction, *Femmes enracinées, femmes qui s'élèvent*, en 2016. Dans celle-ci, j'ai écrit sur ce que j'appelais le Voyage de l'Éco-Héroïne : le cheminement d'une femme hors des friches de la société moderne, vers un lieu d'épanouissement et de connexion, vers un profond sentiment d'appartenance mais aussi de responsabilité envers les lieux où nous avons planté nos racines. Ce livre est devenu un best-seller mondial grâce au bouche-à-oreille – se faisant l'écho, à mon sens, du désir grandissant et ancré en chaque femme occidentale d'une plus grande connexion à nos histoires et à nos traditions ancestrales.

Les préceptes que la civilisation occidentale a adoptés au cours des derniers siècles – des histoires de croissance illimitée, de course au progrès comme but de la vie, du héros super-individualiste et souvent surhumain, de la séparation de l'Homme avec la nature et de la domination qu'il exerce sur elle – sont en train de s'effondrer.

Le principe masculin a trop longtemps dominé, tendant vers une poursuite continuelle de réussite, de production et de suprématie ; se focalisant sur des manières d'être purement intellectuelles et rationnelles, et axées sur des objectifs. Les qualités féminines de créativité et d'intuition ont, pendant des siècles – des millénaires –, été réprimées, de même que celle relationnelle : un sentiment de connexion, pas seulement vis-à-vis de nos congénères mais de tous les êtres vivants qui partagent cette Terre avec nous. Ce lien avec les rythmes de la nature, de notre corps, des saisons et des étapes de nos vies.

Je crois que les préceptes, par lesquels nous devons remplacer ces fables destructrices et dépassées de notre culture dominée par le patriarcat, proviennent des puits de sagesse créative et relationnelle dont les femmes sont détentrices. Cet oracle vous permet d'accéder aux anciennes histoires et riches traditions de nos lignées ancestrales. Des histoires issues du sol sous nos pieds, émanant directement de nos relations avec nos horizons singuliers et qui ont façonné les vies de nos ancêtres. Dans ces vieux mythes et contes, les femmes étaient les gardiennes du monde naturel, le cœur battant de la terre, les porteuses du savoir, les racines de l'autorité spirituelle et morale de la tribu.

Aux interludes entre deux chapitres de nos vies, alors que nous faisons déjà face à la crise écologique et à l'incertitude socioculturelle, nous avons besoin, plus que jamais, de découvrir les histoires de cette terre et la sagesse qu'elles renferment. Elles peuvent nous guider à comprendre l'harmonie inhérente à chaque chose, à célébrer l'interconnexion de la vie, à croire au pouvoir de l'imagination et de l'intuition. Ces histoires nous aident à renforcer notre lien profond à cette terre aussi belle que vivante.

Le Voyage de l'Héroïne

Le Voyage de l'Héroïne, que je dévoile dans cet oracle, offre une voie de compréhension quant à notre entremêlement avec la toile de la vie sur cette planète, et ce que cela implique dans nos relations nourricières avec le monde qui nous entoure. Le Voyage de l'Héroïne, que les femmes doivent aujourd'hui entreprendre, est un cheminement qui nous implante fermement dans ce vaste monde auquel nous appartenons. Ancrées et enracinées, nous sommes prêtes à nous soulever pour le protéger. De bien des façons, c'est là l'antidote au classique voyage du héros, bourré d'action et d'aventure, cher à Hollywood et à ses superproductions. C'est un voyage post-héroïque, fermement ancré dans les manières d'être et de devenir des femmes.

En ces temps toujours plus troublés, nous avons toutes besoin de suivre cette voie, chacune à notre façon. Pas seulement pour notre épanouissement personnel et notre bien-être, mais parce que cette Terre, si belle mais souffrante, a besoin que nous prenions soin d'elle, ainsi que des autres êtres vivants non humains qui l'habitent. Les générations qui nous suivront ne pourront survivre que si nous sommes prêtes à nous battre pour un futur durable et porteur de sens.

Je crois fermement que chacune d'entre nous a quelque chose d'extraordinaire à offrir au monde. À ce moment précis, chacune d'entre nous sur cette planète reflète un nodule aussi unique que nécessaire dans la trame de la vie. Nous avons toutes besoin d'entreprendre le Voyage de l'Héroïne, et – pour devenir des femmes enracinées – peu importe si cette voie se révèle être périlleuse, abondance et beauté s'y présenteront à coup sûr. Chaque femme pèlerin a cependant besoin d'aide sur son chemin – nous avons toutes besoin de sentir que quelqu'un, quelque part, nous soutient – et les cartes de cet oracle seront vos alliées et guides sur le vôtre.

L'oracle comme allié et guide

Les oracles apparaissent dans les plus anciennes traditions européennes. Un oracle peut être une personne qui incarne la voix des dieux. Ainsi, dans la Grèce antique, la Pythie ou les sibylles, du temple d'Apollon de Delphes, transmettaient les révélations divines qui leur venaient lors d'états de transe ou de délire.

Le terme « oracle » était à la fois utilisé pour désigner l'endroit où les prophéties étaient délivrées, mais aussi pour décrire les objets et les pratiques spécifiques par lesquels les paroles divines étaient transmises, à l'instar des jeux oraculaires contemporains. Dans tous les cas, les oracles étaient traditionnellement considérés comme des portails permettant de communiquer directement avec les dieux, ou les habitants de ce qu'en Europe, nous appelons l'autre-monde.

En me penchant sur les origines des conseils prodigués par les jeux d'oracle, j'ai toujours adoré le concept traditionnel soufi du *mundus imaginalis* – le « monde imaginal » – qui, pensait-on, existe entre le monde physique de nos sens et le monde caché des esprits ou de l'intellect. Le *mundus imaginalis* est la source des synchronicités, des expériences « psychiques » et des intuitions créatrices ; il pénètre nos rêves et nos autres expériences visionnaires, y compris les endroits que nous visitons en phases de méditation profonde ou de cheminement imaginal.

Le *mundus imaginalis* est le lieu où les archétypes et les histoires ont une existence à part entière, et où des êtres tels que les dieux et les anges vivent – tous ceux qui sont capables de servir d'intermédiaire entre nous et le Divin. De bien des façons, il ressemble à l'autre-monde de la mythologie celtique ou des légendes européennes. L'autre-monde celte n'est pas un lieu précis : il est partout, tout autour de nous, totalement entremêlé avec la terre. (Ainsi, à chaque fois que je parlerai de la terre, vous devez comprendre que je fais également référence à l'autre-monde avec lequel elle est intrinsèquement liée.)

Pour percevoir l'autre-monde il nous faut trouver un moyen de percer le voile qui nous en sépare. On ne peut cependant l'appréhender par nos sens physiques. Nous ne pouvons ni le voir ni le toucher ; nous pouvons seulement y accéder par le biais de ce que l'on appelle un sens psychospirituel : l'imagination. L'autre-monde communique alors avec les êtres humains au travers d'images, le procédé d'imagination devient donc un moyen de connexion. En ce sens, les images qui se présentent dans ces cartes sont des moyens de communiquer et d'être guidées par l'autre-monde. En travaillant avec cet oracle, vous êtes attirées par les cartes dont vous avez besoin par ces intermédiaires et guides de l'autre monde. En cultivant cette expérience mystique – visionnaire –, en adoptant des pratiques qui nous familiarisent avec ce que nous pourrions considérer comme *terra mysterium* – la terre de mystères, de l'imaginal – nous entrons en présence du Divin et pouvons prêter l'oreille à ses chuchotements.

Structure de l'oracle

L'Oracle de la femme enracinée compte 53 cartes. Il y a 17 cartes dans chacune des trois suites : Lieux, Alliées et Voyages. Deux cartes focus viennent s'ajouter :

la Peregrina, dont les traits s'apparentent à ceux du Fou dans le tarot traditionnel (en d'autres termes, notre commencement) ; et Enracinée, qui elle s'apparente au Monde – la destination finale de notre voyage.

Les trois suites

Les trois suites de l'oracle représentent trois formes différentes de conduite, d'intuition et d'inspiration lorsque nous arpentons la voie du Voyage de l'Héroïne, décrit dans la section précédente.

1. Les Lieux

Les racines de nos traditions ancestrales sont ancrées dans la terre, et la terre est la plus grande des instructrices. Pour nos ancêtres, le sacré (qui émanait de l'autre-monde) n'était pas autre part ou « là-haut » : il était enchevêtré à cette Terre, aussi belle que vivante, où nous avons choisi de venir et de prendre forme physique. Aujourd'hui, se réapproprier ces connaissances et manières d'être, c'est comprendre que pour être fermement ancré à sa place, il faut savoir que le paysage qui vous entoure n'est pas seulement vivant mais abonde de mythes et d'histoires, tant en images qu'en symboles.

Les cartes de la suite des Lieux de cet oracle reflètent les qualités symboliques et archétypales de paysages spécifiques que l'on peut rencontrer en Europe et qui reflètent, de fait, les tâches et épreuves sur lesquelles vous devrez vous concentrer au fil de votre cheminement. En plus des paysages physiques – comme la Rivière, le Marécage, la Montagne – se trouvent aussi trois lieux « d'autre-monde » : le Cairn (un portail conduisant au mystère) ; la Cour du roi pêcheur (représentant les trésors de l'autre-monde) et l'Île des femmes de l'autre monde (Tír na mBan).

2. Les Alliées

Les cartes alliées représentent des femmes tirées des mythes et folklores européens. Elles incarnent des rôles archétypaux et des qualités qui vous aideront au fur et à mesure de votre avancée. Certaines d'entre elles peuvent être considérées comme des déesses, les autres sont des personnages de l'autre-monde issus de la mythologie ou du folklore. Lorsque ces cartes sont tirées, interrogez-vous sur l'aide dont vous avez besoin et explorez les caractéristiques de cette alliée-ci.

Elle vous éclaire et vous apporte les informations nécessaires à cette étape de votre voyage.

3. Le Voyage

Les cartes du Voyage incluent différents types, formes ou manières de cheminer (par exemple, la Quête, le Pèlerinage, le Labyrinthe spirituel), mais aussi des cartes représentant les différentes étapes du Voyage de l'Héroïne que nous entreprenons (la Descente, par exemple, ou le Carrefour, le Retour).

TRAVAILLER AVEC *L'ORACLE DE LA FEMME ENRACINÉE*

Cet oracle vous encourage à demander conseil ou un aperçu de la situation avec laquelle vous êtes aux prises, ou de l'étape du Voyage de l'Héroïne que vous traversez. Lorsque vous utilisez ces cartes, il est important de comprendre la perception traditionnelle des oracles. Dans la Grèce antique, par exemple, la Pythie ne prédisait pas le futur. On allait plutôt la consulter pour obtenir un conseil sur une situation précise : comment atteindre un objectif ou surmonter une épreuve. Son rôle consistait davantage à conseiller qu'à prédire, offrant un éclairage sur la situation plutôt qu'une forme de divination.

Et c'est là la nature de *L'Oracle de la femme enracinée* : vous aider à comprendre les influences qui affectent une situation en particulier et vous éclairer quant à la nature d'une épreuve ou d'une opportunité qui se présenterait à vous à cette étape de votre Voyage de vie. Les cartes ont le potentiel de vous aider à révéler la sagesse du monde naturel qui réside en vous – une sagesse unique qui émane de la Nature. Elles peuvent vous montrer comment reconnaître et cultiver les dons de votre autre-monde natif, si profondément ancré dans le monde physique que nous habitons.

Se présenter à l'oracle

Beaucoup d'entre vous auront déjà développé votre propre façon de travailler avec un oracle. Si ce n'est pas votre cas, voici quelques suggestions sur la manière dont vous pourriez faire connaissance avec vos cartes avant de les utiliser pour des tirages. Avant tout, retenez bien que c'est un oracle : les cartes représentent les voix de l'autre-monde et il est essentiel de toujours le traiter avec respect et révérence.

L'Oracle de la femme enracinée est lui-même enraciné dans la sagesse de la terre et du monde naturel. Ainsi, je vous recommande d'emporter le vôtre à l'extérieur (par temps sec !) et d'étaler les cartes à même la terre (vous pouvez les placer sur un tissu si le sol est mouillé). Faites-le dans votre jardin ou dans un endroit proche qui revêt pour vous une importance particulière, ou dans lequel vous vous rendez souvent.

J'aime particulièrement emporter les cartes avec lesquelles je travaille dehors, la nuit à la pleine lune, mais vous préférerez peut-être exposer cet oracle au pouvoir du Soleil. Peu importe ce que vous choisirez – et quelle manière reflète le mieux votre relation singulière au monde naturel –, faites appel à la sagesse de la Terre pour communier avec les cartes. Engagez-vous à écouter la voix de la Terre, peu importe le lieu où vous travaillez avec elles.

Tirer les cartes

Faites toujours un tirage dans un endroit calme où vous pouvez être seule, où vous vous sentez en sécurité et où vous pouvez vous concentrer. Commencez par allumer une bougie – pas pour vous éclairer mais pour représenter l'illumination. Fermez les yeux et videz votre esprit de tous mots ou images. Demandez à la Terre de vous servir de guide. Si vous avez des guides spirituels personnels, invitez-les à vous rejoindre.

Prenez le temps de formuler une question claire et simple, sa nature est importante. Dans les anciennes légendes européennes du Graal, comprendre « la question qui doit être posée » – la bonne question, au bon moment, celle synonyme de guérison – était une qualité indispensable. Ne posez pas de question qui requiert un oui ou un non ; des questions ouvertes conduiront plus volontiers à des lectures qui éclaireront véritablement les problèmes avec lesquels vous vous débattez. De bonnes questions pourraient être : qui est mon alliée ? À quelle étape de mon voyage suis-je ? Qu'est-ce que les qualités d'un lieu disent de moi, ou me disent de faire ? Qu'ai-je besoin de savoir sur ma situation actuelle ?

Une fois votre question déterminée, commencez à mélanger les cartes – les images doivent reposer face cachée – tout en vous concentrant sur elle et en la répétant. Lorsque vous sentez que vous avez suffisamment battu le jeu (et tout particulièrement la première fois que vous l'utilisez, il est important d'être minutieuse), posez les cartes sur une surface plane et séparez-les en trois piles distinctes.

Rassemblez les piles dans n'importe quel ordre, puis sélectionnez la ou les carte(s) qui se trouvent sur le dessus et qui vous guideront. Placez la (les) carte(s) devant vous. En fonction du type de tirage choisi (voir la partie concernant les tirages plus bas) vous voudrez peut-être d'abord diviser le jeu en trois suites et trier les cartes focus avant de mélanger chaque suite individuellement.

Interpréter les cartes

Avant de lire les explications de ce guide qui correspondent aux cartes que vous avez choisies – ou qui vous ont choisie – prenez le temps d'observer et de réagir à l'imagerie des cartes que vous avez tirées. Ne vous précipitez pas dans l'interprétation de celles-ci ; faites leur connaissance.

Quels aspects de cette image résonnent avec vous et pourquoi ? Est-ce la nature du personnage (s'il y en a un), le moment de la journée, le paysage, l'animal ou les symboles ? Comment vous sentez-vous lorsque vous regardez cette carte ? Que conjure-t-elle en vous, vous communique-t-elle ? Cette carte vous met-elle mal à l'aise ? Si oui, pourquoi ? Il est souvent utile de noter vos premières impressions dans un carnet avant que vous ne vous tourniez vers l'explication.

Ouvrez ensuite le guide et lisez l'explication de chacune des cartes. Gardez en tête que les mots ne sont ici qu'indicatifs et non définitifs. Ils ont été pensés pour laisser suffisamment de place à vos propres idées et interprétations. Comparez ce qui vous est présenté dans le texte avec vos premières impressions de la carte. Cela renforce-t-il vos sentiments ou bien les contredit-il ? Encore une fois, prenez votre temps. À présent que vous avez pu assimiler vos premières impressions et l'explication du guide, que pensez-vous que la carte tente de vous communiquer ?

Continuez d'écrire vos pensées et impressions aussi précisément que possible. Il arrive souvent avec les tirages, comme pour les rêves, que leur sens profond ne se révèle pas tout de suite, il est alors utile de revenir à vos notes.

Lorsque vous avez fini, remerciez les cartes, la Terre et l'autre-monde ; remerciez tous les guides et rangez soigneusement les cartes jusqu'à la prochaine utilisation. J'aime envelopper les cartes avec lesquelles je travaille régulièrement dans un linge spécial qui semble, d'une manière ou d'une autre – par les couleurs, le motif ou la matière –, refléter la nature de l'oracle . Vous pouvez bien sûr conserver le vôtre dans une boîte si vous préférez.

Tirages de *L'Oracle de la femme enracinée*

Il existe de nombreuses façons d'utiliser les cartes de cet oracle. Voici trois tirages que vous pourrez utiliser avec *L'Oracle de la femme enracinée.*

Le tirage de la Quête

Le plus simple des tirages suppose que vous ne tiriez qu'une seule carte, soit de l'ensemble du paquet soit d'une des trois suites, tout dépend des conseils que vous recherchez. Votre question pourrait ici être aussi directe que « Que dois-je savoir aujourd'hui ? » ou « Sur quelle qualité qui me serait utile dois-je me concentrer à ce stade de ma vie ? »

Une fois votre carte choisie, demandez-vous : de quelle manière cette carte répond-elle à ma question ? La réponse peut ne pas être immédiatement évidente, comme toujours, laissez à la carte du temps pour vous révéler sa sagesse. Vous pourriez envisager de placer la carte quelque part où vous pouvez la voir et méditer dessus de temps à autre. Cela peut s'avérer particulièrement utile lorsque vous n'êtes pas certaine de la manière d'interpréter son message dans le contexte de la question posée.

Le tirage du Voyage

Pour travailler avec un tirage à trois cartes, tirez une carte de chacune des trois suites. Vous aurez alors une carte Voyage, qui révélera les épreuves et les opportunités associées à cette étape particulière du Voyage de l'Héroïne ; une carte Alliée, qui révélera les qualités qui vous aideront à naviguer à ce moment-ci de votre vie ; et une carte Lieu, qui révélera la tâche à entreprendre à cette étape de votre vie. Votre question pourrait être : « Où en suis-je à présent dans le Voyage de l'Héroïne, sur quelles qualités et tâches devrais-je me concentrer pour apprendre et m'aider ? »

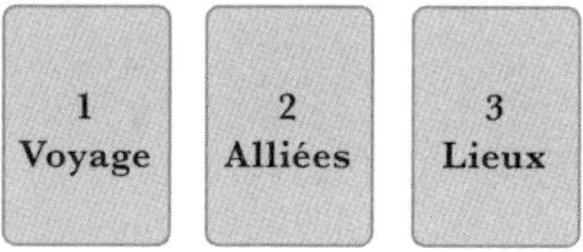

Le tirage du Chemin de l'âme

Dans ce tirage à cinq cartes, vous choisirez une carte dans chaque suite, comme dans le tirage à trois cartes ci-dessus. Mais vous étalerez aussi les cartes la Peregrina et Enracinée pour vous servir de focus – exactement comme un Significator dans le tarot.

Posez la carte la Peregrina au-dessus des trois cartes des suites et la carte Enracinée en dessous. Ce tirage se rapporte non pas à l'étape du Voyage de l'Héroïne où vous vous trouvez actuellement, mais à la nature et à la forme du voyage de votre âme dans cette vie.

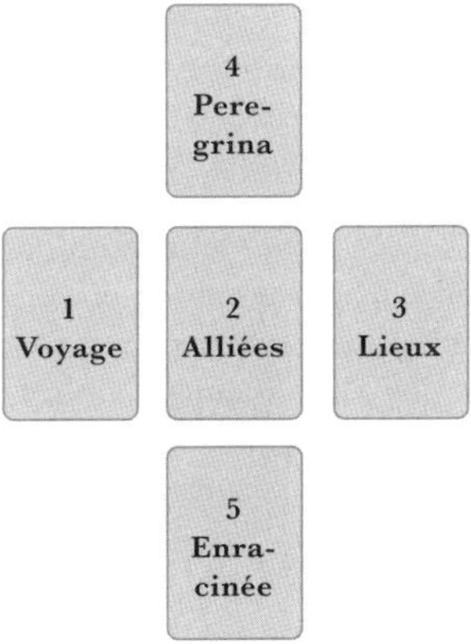

Ainsi, la carte Voyage vous apprendra quelque chose sur la forme du Voyage de votre âme dans cette vie. La carte Alliée vous renseignera sur les qualités clés que vous devez incarner. Et la carte Lieu vous révélera la nature de votre défi ou tâche clé alors que vous avancez dans votre vie. Votre question peut être aussi simple que « Pourquoi suis-je ici ? » ou « Qu'ai-je à offrir au monde dans cette vie ? ».

Pour aller plus loin

Si vous souhaitez aller au-delà de ces tirages et travailler plus intensivement avec les cartes de *L'Oracle de la femme enracinée*, voici quelques suggestions pour approfondir votre pratique.

Tenir un journal

Peu importe la manière dont vous choisissez de travailler avec ces cartes, cela inclura toujours la tenue (de quelque façon que ce soit) d'un journal. Cela peut être aussi simple que de noter vos réflexions sur les cartes que vous avez tirées et le tirage en général. Ou bien vous pouvez prolonger votre prise de notes pour réfléchir aux révélations du tirage en les replaçant dans le contexte de votre Voyage.

La tenue d'un journal créatif est une forme particulièrement puissante de recherche de sens. En ajoutant des éléments visuels à votre écrit, vous creusez encore plus profondément dans votre propre imagination et forgez une connexion encore plus profonde avec le monde imaginal. Cela inclut le collage, le dessin, la peinture ou des techniques mixtes – il existe énormément de beaux livres et de vidéos qui montrent comment créer des journaux qui reflètent véritablement votre monde intérieur. Les journaux créatifs sont des souvenirs aussi beaux qu'immuables, qui illuminent qui et comment vous étiez à des étapes spécifiques de votre vie.

Le travail du rêve

Tout comme les jeux d'oracle, les rêves offrent des visions, conseils et informations venant de l'autre-monde. Nous détenons la preuve de l'incubation des rêves – le procédé de provoquer un rêve pour répondre à une question particulière ou recevoir une révélation – dans la plupart des anciennes civilisations européennes. Vous pouvez incuber un rêve pour approfondir votre lecture, ou percer la nature d'une carte en particulier. Travailler en associant ces deux pratiques peut être une puissante combinaison.

Fixez-vous une intention avant d'aller dormir, celle de vous souvenir de vos rêves. Et lorsque vous commencerez à vous endormir, concentrez-vous sur la carte ou le tirage sur lequel vous aimeriez que votre rêve porte.

Ayez toujours un carnet et un stylo à portée de main pour noter vos rêves lorsque vous vous réveillerez, et faites-le avant de vous lever ou aussitôt que vous le pouvez ; les rêves ont tendance à s'évanouir rapidement et bien que des images significatives puissent subsister, les détails seront vite perdus.

N'essayez pas d'interpréter vos rêves lorsque vous les mettrez à l'écrit et, à la place, efforcez-vous de les retranscrire quand ils sont encore frais dans votre mémoire. Vos premières impressions seront souvent les plus significatives. Vous pouvez par la suite modifier votre compte rendu si d'autres choses vous reviennent. Prenez note de ce qui s'est passé dans votre rêve, de qui y était, du paysage et de toutes les images clés. Ne vous accrochez pas tant à vous souvenir de l'histoire qu'à retranscrire les émotions et sensations physiques ressenties – à la fois dans le rêve et à l'instant même où vous vous le remémorez.

Après avoir pris note de votre rêve, commencez à réfléchir à la manière dont il pourrait éclairer la carte ou le tirage avec lesquels vous travaillez. Y avait-il des images ou des personnages similaires ? Le rêve portait-il sur une situation liée à la nature de la carte ou bien du tirage ?

L'imagination active

L'imagination active est l'appellation donnée à une technique initialement développée par le psychologue et psychiatre Carl Jung. En substance, elle est très différente des voyages imaginaires guidés ou du cheminement chamanique. Moins « orchestré » et dirigé, vous n'avez nul besoin de vous déplacer avec ce procédé. Le but est de reconnaître et de travailler avec n'importe quel personnage ou image qui émergerait, de vous y ouvrir et de respecter son autonomie.

L'imagination active peut se révéler très utile si vous souhaitez plonger plus profondément dans le monde de la ou des carte(s) que vous avez choisies, de commencer un dialogue ou une relation avec les êtres et les lieux que vous y trouvez, dans le but d'éclaircir davantage les questions que vous vous posez ou les problèmes auxquels vous faites face.

Pour commencer votre voyage dans l'imagination active, assurez-vous d'être aussi confortablement installée que possible ; relâchez votre corps et videz votre esprit de toutes pensées et images, autant que vous le pourrez. Puis, pensez simplement à l'image de la carte avec laquelle vous aimeriez travailler et maintenez-la.

Ne vous inquiétez pas si vous trouvez difficile au départ de maintenir clairement et de manière stable l'image, cela deviendra plus facile au fur et à mesure de vos pratiques.

Imaginez ensuite que vous entrez dans le décor de la carte. Ce qui suit dépendra de la nature de la carte avec laquelle vous communiquez. Si vous travaillez avec une carte Alliée, rapprochez-vous du personnage de l'image et invitez-la à dialoguer avec vous ; vous pourriez commencer par lui poser une question en rapport avec celle initialement posée lors de votre tirage. Comportez-vous comme si vous rencontriez une nouvelle personne dans votre vie, écoutez-la attentivement et respectueusement, puis engagez la conversation de manière ouverte et honnête des deux côtés.

Si vous travaillez avec une carte Lieu, concentrez-vous particulièrement sur ce que vous ressentez lorsque vous foulez ce paysage. Ne vous focalisez pas seulement sur les aspects visuels : que sentez-vous, voyez-vous ? Fait-il froid ou chaud, comment ressentez-vous le vent sur votre peau ? Qu'est-ce qu'être là, dans ce paysage, évoque chez vous, comment est-ce lié à la nature de votre question initiale ? Si un animal est présent sur la carte, en quoi pourrait-il aider si vous lui parliez ?

Si vous travaillez avec une carte Voyage, empruntez le chemin qu'elle vous montre comme si vous étiez la voyageuse de cette carte. S'il s'agit de la carte du Labyrinthe, entrez-y. Si c'est la Falaise, laissez-vous tomber. Comment vous sentez-vous sur ce chemin ? Que remarquez-vous – encore une fois, utilisez tous vos sens. Peu importe la carte avec laquelle vous travaillez, observez aussi l'arrière-plan de la carte en plus du personnage ou du sujet principal. Demandez-vous s'il n'y aurait pas autre chose, par-delà l'évidence, qui pourrait apporter un éclairage nouveau à votre question.

Lorsque vous sentirez avoir passé tout le temps nécessaire dans le monde de votre carte, remerciez tous les personnages, animaux et lieux d'être présents pour vous, puis retournez doucement dans un état normal de conscience éveillée.

J'ai créé une méditation guidée intitulée *A Woman's Journey to Rootedness* (en anglais) qui explique comment l'imagination active fonctionne. Elle est disponible sur l'application *Empower You Unlimited*

Audio, où vous pourrez l'écouter en optant pour un essai gratuit.

* * *

J'espère que vous prendrez plaisir à travailler avec cet oracle. Et, lorsque votre voyage semblera arriver à son terme, souvenez-vous qu'il n'y a jamais de véritable fin. Il y aura toujours d'autres voyages à venir, des voyages cachés dans d'autres à explorer. La transformation est l'essence même de la vie. Il y aura toujours quelque chose de nouveau à apprendre, toujours un nouveau don que vous découvrirez et qui pourrait bénéficier au monde. Embrassez chaque nouveau cycle ; réjouissez-vous de chaque tournant. C'est ainsi que nous nous sentons vivantes.

LES CARTES

1re SUITE
LES LIEUX

1

LE PUITS

La Source de vie

Les puits, dans le folklore britannique et irlandais, trouvent leur origine dans l'autre-monde : ce sont des portails entre les mondes. L'eau qui s'en écoule est nourriture, non seulement physique mais aussi spirituelle. On considérait donc les puits comme sacrés – ce qui est le cas dans la plupart des cultures à travers les âges. Autrefois, ces puits et sources de l'autre-monde auraient ainsi été dédiés à la Souveraineté, la déesse de la Terre qui en accorde les bienfaits.

Les bienfaits des puits sont nombreux. Certains étaient connus pour leur pouvoir de guérison ; d'autres pour celui de fertilité. Les poissons magiques qui vivaient dans ces puits – des saumons, parfois des truites – pouvaient apparaître à ceux étant venus chercher clairvoyance et prescience. Il est dit que ces poissons pouvaient accorder l'*iomas*, une forme de connaissance intuitive et de sagesse qui est le plus grand don que l'on puisse obtenir de l'autre-monde.

Ainsi, l'eau du puits est source de vie et de sagesse spirituelle. Mais cette Source de vie doit être préservée, un puits bienfaisant doit être entretenu. Si vous négligez un puits, vous négligez également l'âme de la Terre, vous négligez votre propre âme et ce qui la nourrit. La carte du Puits vous invite à vous ressourcer et à vous rafraîchir dans ces eaux-de-vie gracieusement accordées, mais elle vous demande aussi de respecter et de chérir sa source. Dans un esprit de réciprocité, nous offrons en retour notre amour et notre gratitude pour tout ce qui, dans ce monde, nous soutient.

2

L'ÎLE

Limites et isolement

Une île représente de nombreuses manières d'être en ce monde. Elle peut être une source de sûreté et de sécurité, représenter l'exil et l'isolement, ou bien même les deux. Parfois, pour nous sentir en sécurité, nous nous éloignons des choses qui nous sont chères et familières. Nous nous mettons à l'écart du monde et nous transformons en île. Cela peut parfois s'avérer bénéfique – un retrait nécessaire pour panser nos blessures et nous accorder un moment de répit. Parfois, ce retrait nous est quelque peu imposé – peut-être parce que nous ne pouvons composer avec le monde que nous connaissons ou nous sentir complètement intégrées à lui.

Toutes les frontières sont des lieux de transition, et les plus grandes de toutes sont celles où la terre rencontre la mer. Ces frontières peuvent sembler immobiles par un jour calme d'été, où le soleil réchauffe les bas-fonds et le sable doux vous berce, mais pour vivre sur une île vous devez aussi être capable d'affronter l'orage.

Sur une carte, une île peut sembler définie par ses frontières mais, du point de vue de l'île, ses frontières ne sont pas aussi nettement délimitées. Elles bougent avec le temps et les marées, dans une danse sans fin entre terre et mer. Comme le va-et-vient de la mer sur le sable, nous aussi, allons et venons, nous nous adoucissons parfois, nous laissant nous fondre dans un autre écosystème, pour ensuite nous replier dans le giron de notre monde intérieur. Cette carte nous rappelle de méditer sur ce mystère et de ne jamais résister à son courant naturel.

3

LA CAVERNE

Incubation

Partout en Europe, nos ancêtres descendaient dans les cavernes pour écouter les murmures de l'autre-monde. On croyait que l'autre-monde accordait des visions prophétiques à ceux qui s'y rendaient. D'ailleurs, de très nombreux oracles y résidaient. Des prophètes, des chamans, des poètes et autres intermédiaires entre les humains et le divin pratiquaient l'isolement prolongé dans ces caves, à la poursuite de la connaissance et de l'illumination. Les ancêtres, ou même les dieux, facilitaient la transmission de ces visions.

Les rites initiatiques se déroulaient souvent dans des cavernes ; ils étaient la clé des cultes à mystères de la Grèce antique et de Rome, comme ceux d'Éleusis, de Dyonisos, d'Orphée ou de Mithra. Les cavernes sont des lieux sombres qui rappellent le ventre maternel. Les passages qui conduisent à elles semblent, eux, reproduire le processus de l'accouchement – le début d'un voyage hors de la sécurité de l'utérus vers un monde incertain – et sont également caractéristiques des expériences de mort imminente. Ainsi, la caverne est un portail vers une autre vie.

La renaissance, qui commence par rêver de s'incarner dans la caverne, est au cœur du Voyage de l'Héroïne. La carte de la Caverne vous invite à vous couper quelque temps de la clameur du monde extérieur. Protégées dans cette douce et bienfaisante obscurité, nous pouvons commencer à nous réinventer. Ici, dans la caverne, notre transformation peut commencer, une transformation profonde et pérenne de laquelle nous ne pouvons émerger qu'après avoir séjourné dans le lieu le plus sombre qui soit.

4

LE MARÉCAGE

Stagnation

Les marais sont des lieux où règnent le calme et le silence, et où le temps semble ne pas avoir de prise. Le pourrissement et la décomposition y sont ainsi suspendus, préservant dans la tourbe humide les morts que nos ancêtres enterraient profondément. Si vous enfoncez vos mains dans ce concentré riche et noir, qui sait quel mystère enfoui vous pourriez y trouver. Aimer un marécage revient alors à aimer ce qui relève du secret et du subtil, en d'autres termes : chercher ce qui repose tapi sous la surface.

À première vue, un marécage pourrait apparaître comme un lieu sombre et lugubre. Pourtant, si vous choisissez de regarder de plus près, il vous révélera une abondance de couleurs subtiles, de texture et de vie. Cela ne vous sautera pas au visage comme un jardin en fleur ou une forêt tropicale ; vous vous laisserez surprendre par un marécage et il vous offrira ses présents, un ou deux à la fois. De cette façon, et puisque rien ne vient distraire votre regard, vous pourrez mieux les contempler et les connaître. Le marécage nous enseigne à chercher les trésors dans les lieux les plus invraisemblables : à nous concentrer sur les détails, le silence, sur ce qui semble, à première vue, obscur.

Mais plus que tout, cette carte vous demande de comprendre que ce qui apparaît parfois comme de la stagnation n'est en réalité que préservation. Nous avons, par moments, besoin de rester immobile, de conserver notre énergie et notre force vitale. À d'autres, il est nécessaire que nos sens agressés se reposent, de retourner à l'essentiel, de réduire notre tendance à nous surcharger et de se délecter de la beauté du quotidien.

5

LA FORÊT

Trouver son chemin

Les forêts des contes de fées d'Europe du Nord sont des lieux sombres et dangereux, aux arbres étroitement entrelacés, et foisonnant d'ombres inquiétantes. Elles symbolisent un univers derrière le village, la communauté : un autre monde imprégné de mythes et de magie, échappant à toute expérience humaine ordinaire. En général, le *darkwood* sert de refuge aux sorcières et aux monstres, personnifiant ainsi toutes les peurs de l'inconscient collectif.

En pénétrant dans la forêt, vous acceptez l'inévitabilité de la transformation. Quelque chose est destiné à changer. Il se peut que quelque chose soit perdu mais, si vous embarquez pour ce voyage avec un cœur pur et la volonté d'apprendre, quelque chose sera toujours gagné. Cette carte vous invite à croire en l'alchimie de la métamorphose ancrée dans votre être et à faire un saut dans l'inconnu.

Une fois que vous vous retrouverez piégée par les formidables enchevêtrements de la forêt, il n'est pas évident – particulièrement si des choix doivent être faits – de savoir quel chemin prendre. Souvent, il s'agit du chemin envahi de mauvaises herbes – celui qui est le plus sombre, le moins prometteur – qui vous mènera à ce que vous recherchez. Et parfois, ne se présente aucun chemin évident et vous serez forcée de frayer votre propre passage à travers les arbres.

Même dans la forêt la plus désolée, vous trouverez des alliés, des aides – si vous prêtez suffisamment attention. Observez donc attentivement et ne tirez pas de conclusions hâtives. Un loup ne va pas toujours vous manger et la vieille femme qui porte un panier rempli de baies n'est pas pour autant une sorcière. Chérissez la plus petite éclaircie, car même dans la plus sombre des forêts, l'espoir subsiste.

6

LA PRAIRIE

S'épanouir et se régénérer

La prairie nous chante l'été : la sensualité, l'exubérance, la vie dans toute sa plénitude. Lorsque nous regardons une prairie, nous pouvons clairement percevoir l'éclosion de la vie – ce que la mystique médiévale allemande Hildegarde de Bingen appelait *viriditas* : la force divine qui, croyait-elle, animait et nourrissait le monde, et à laquelle tous les êtres vivants participaient. Une prairie ouvre grand ses bras au ciel – bien que de nombreux êtres puissent s'abriter et se cacher parmi ses hautes herbes et ses fleurs sauvages en broussaille.

Sous la surface d'une prairie repose une dense tapisserie de racines, où différentes espèces se mêlent et s'entremêlent en un tout aussi beau que varié. La carte de la Prairie nous rappelle alors que le Voyage de l'Héroïne consiste, avant tout, à servir la communauté autant que nous-mêmes. Nous ne pouvons nous épanouir qu'ensemble ; le monde ne peut être correctement nourri par une monoculture ou un sol qui ne favoriserait qu'une seule espèce. Les herbes et fleurs sauvages de la prairie s'enracinent dans un sol fertile et grouillant de vie – un milieu où les graines pourront germer et éclore, bénéficiant à tous ceux qui l'habitent. Une prairie peut abriter, protéger et nourrir tellement d'espèces différentes.

La carte vous invite à vous souvenir que les femmes sont les détentrices d'une multitude de dons, que nous sommes les réceptacles de la vie. Nous sommes un élément essentiel de l'abondance de cette Terre magnifique et vivante. Nous sommes faites pour nous épanouir et nous méritons de nous épanouir. C'est notre droit imprescriptible, notre héritage et notre force motrice dans notre entreprise du Voyage de l'Héroïne.

7

LA MONTAGNE

Vision et inspiration

Les montagnes texturent et sculptent nos paysages, forment des frontières entre les communautés et les pays. Elles composent le climat, influencent les courants des cours d'eau et reflètent la force et l'endurance de la Terre au cours des âges.

Les montagnes se sont formées à la suite de grands bouleversements ; lorsque les plaques de la croûte terrestre sont entrées en collision, puis que des roches incandescentes, issues des profondeurs de la terre, ont jailli, transperçant la croûte terrestre et s'empilant les unes sur les autres, pour qu'enfin la tension entre les plaques tectoniques provoque des craquements et la formation de failles à la surface de la planète. Pendant plusieurs millions d'années, le vent, la pluie, la glace et la gravité ont progressivement érodé la surface des montagnes, donnant ainsi naissance aux formes et aux caractéristiques uniques qu'elles arborent aujourd'hui.

Il n'est alors pas surprenant que ces montagnes suscitent notre émerveillement, nous semblant être à la fois des refuges et des lieux sacrés. La montagne est le lieu où nous nous tournons pour trouver créativité et inspiration. Mais ce n'est pas toujours chose aisée. Après l'inévitable et difficile ascension, le vertige pourrait nous gagner si nous regardons en bas depuis les sommets. Nous pourrions craindre cet extrême, craindre d'être poussées jusqu'à nos limites, voire au-delà. Pourtant, si nous persévérons, nous serons récompensées de nos efforts par la capacité de perception : celle de comprendre comment concrétiser nos rêves. Cette carte vous encourage à persévérer et à rêver de manière aussi vaste et grandiose que nécessaire.

8

LA MER

Sonder les profondeurs

La mer est tellement changeante qu'il est impossible de véritablement anticiper ses humeurs. Elle est constamment en mouvement, allant et venant, oscillant de marée en marée. Par temps d'orage, elle est intimidante, un rappel du pouvoir brut et imprévisible de cette Terre si belle et si vivante sur laquelle nous vivons. Par une belle journée d'été, lorsque le soleil réchauffe les hauts-fonds, que la lumière scintille sur l'eau et nous remonte le moral, nous pourrions nous souvenir que c'est de là que nous avons un jour émergé.

Quel que soit le visage qu'elle nous présente, l'essence même de la mer n'est autre que la profondeur de ses eaux. Cette carte nous encourage à scruter les profondeurs, même si nous avons peur des monstres qui pourraient s'y tapir. Nous avons parfois besoin de sortir des hauts-fonds de notre vie et d'en sonder les abysses – de regarder au plus profond de nous et de trouver la source de sagesse qui y sommeille. Faire ce choix requiert du courage. Chacune de nous abrite un vaste et profond territoire. Pour commencer à comprendre qui nous sommes vraiment, à découvrir nos talents et nos aspirations dans cette vie, il nous faut commencer par l'explorer.

Il est essentiel de nous émanciper des confins rassurants de notre ego et de notre conscience, et de tourner notre attention vers tout ce qui demeure caché et inconscient en nous. Les rêves sont l'un des moyens les plus importants par lequel notre psyché inconsciente peut entrer en communication avec nous. Ainsi, la carte de la Mer nous invite à prêter attention à nos rêves, aux images, personnages et scénarios qui se présentent à nous pendant notre sommeil.

9

LA LANDE

Silence et simplicité

Les landes se caractérisent par une absence d'arbres et une végétation basse non cultivée. Généralement situées en altitude, elles offrent des panoramas vastes et évocateurs, créant un sentiment d'isolement. La combinaison de leur élévation et de leur vue dégagée en fait souvent des lieux très exposés au vent.

La simplicité épurée de la lande en fait un paysage dans lequel il nous est possible d'y voir plus clair. On y respire plus profondément et facilement, l'air y est pur et son paysage s'étend à perte de vue. Le vent purifiant balaie le désordre de l'esprit, fait s'effondrer la rigidité de nos modèles de pensée traditionnels, nous libère des carcans de la civilisation qui nous définissent et nous enferment à la fois. Cet espace ainsi créé est propice à de nouvelles perceptions et conceptions. Notre imagination est affranchie, évoluant dans une sphère intemporelle, flexible et magique.

La solitude de la lande peut parfois engendrer de l'inconfort, mais cette carte nous encourage à embrasser le silence. Ici, nous pouvons apprendre à écouter et à ressentir intensément. Qu'est-ce que le vent murmure à votre oreille ? Quelles formes voyez-vous dans les nuages orageux qui se profilent ? Lorsque les résidus du quotidien sont emportés, que reste-t-il ? Que ressentez-vous alors ?

10

LA RIVIÈRE

S'écouler

Les récits anciens nous rapportent que les rivières et les sources sont issues de l'autre-monde et contiennent en elles la source de toute vie. Dans les mythes et le folklore européens, elles sont assimilées aux divinités aquatiques féminines.

D'un point de vue cartographique, le tracé d'une rivière semble immuable alors qu'elles sont en fait des entités dynamiques. Le cours d'une rivière se modifiera de nombreuses fois au cours de sa longue vie et ses eaux gonfleront ou diminueront toujours d'un jour à l'autre. Parfois, le niveau d'une rivière pourra monter et déborder de ses berges, se débarrassant de tout ce qui retient son flot inexorable. Sa flexibilité est sans pareille, mais sa puissance ne doit pas être sous-estimée : lorsque la roche rencontre l'eau, la roche cède.

Une rivière est un fil d'argent qui serpente à travers la terre. Elle est partout et nulle part à la fois, elle poursuit son voyage, nous dépasse, mais demeure toujours présente. Elle incarne le flux de tous nos désirs, le courant de l'inspiration qui nous propulse dans cette vie. Elle sait exactement où elle va – depuis le tout début, elle retourne chez elle, vers la mer. La rivière vous ramènera toujours chez vous, à condition de vous laisser porter par le flot de la vie.

Cette carte vous invite à vous abandonner au flot de la vie, à cesser de résister et de croire que le cours que vous empruntez – souvent tortueux, qui vous fera parfois rebrousser chemin – finira toujours par vous ramener chez vous.

11

LE LAC

Ce qui se cache sous la surface

Dans les mythes et le folklore européens, les lacs sont des lieux mystérieux, magiques et parfois menaçants. Dans la mythologie galloise par exemple, le portail vers Annwn – le nom gallois pour l'autre-monde – était souvent situé au fond des lacs. Dans les traditions gaéliques écossaise et irlandaise, les lacs pouvaient être le repaire de monstres tels que l'*each usige* – le cheval des eaux –, censé enlever l'innocente jeune fille pour la conduire jusqu'à sa tanière, tout au fond du lac, et en faire sa femme.

Le philosophe grec Socrate nous exhorte à « nous connaître ». Dans cette optique, la carte du Lac nous invite à faire face à nos propres démons et à explorer nos ténèbres. Selon Carl Jung, l'archétype de l'ombre ne représente pas nécessairement notre « côté obscur », mais plutôt tous les traits de personnalité que nous avons ignorés, refusés et rejetés de notre conscience, formant ce que nous pensons être une personnalité fonctionnelle. En travaillant avec l'ombre, notre objectif ne devrait donc pas être de supprimer ou de réprimer un aspect de qui nous sommes, mais plutôt de connaître toutes les facettes de nous-mêmes.

Entrer dans l'ombre signifie faire face à nos démons intérieurs et reconnaître l'obscurité en nous ; car en prendre conscience est la seule façon de comprendre et de confronter nos tendances destructrices. Ce travail suppose alors de nous servir de notre force intérieure et de notre engagement pour remettre en question nos croyances et nos valeurs fondamentales. Mais les récompenses à venir sont extraordinaires : en comprenant qui nous sommes réellement, nous pouvons progresser de manière significative dans notre Voyage de l'Héroïne, passant ainsi à une phase de vie nouvelle, authentique et riche de sens.

12

LA FALAISE

En équilibre

Au cours de nos vies, la plupart d'entre nous se sentiront souvent au bord du précipice, que ce soit au cours d'une crise ou à l'approche d'un changement majeur. Allons-nous nous accrocher désespérément, nous cramponner aux morceaux de notre vie qui semble se désintégrer, ou bien allons-nous fermer les yeux, avoir foi en l'histoire qui se déroule et nous laisser tomber, confiantes ?

Le bord de la falaise peut être vu soit comme un lieu de terreur soit comme un lieu d'opportunités. Cette carte nous invite à considérer les manières dont nous pourrions transformer notre peur en un sentiment de possibilité en constante évolution. Nous sommes parfois tentées de faire certaines choses, d'entreprendre certaines démarches, malgré notre peur des conséquences. Cependant, il arrive que la situation exige davantage de nous : nous sommes alors appelées à embrasser activement notre peur et à prendre certaines mesures précisément parce que nous avons peur.

La carte de la Falaise nous incite à affronter toute situation que nous redoutons les yeux grands ouverts. Que se passerait-il si nous reconnaissions nos peurs et explorions toutes les façons par lesquelles cette peur nous empêche de vivre pleinement ? Que se passerait-il si nous enjambions la falaise précisément car elle nous fait peur ? Faire face à ses peurs, c'est l'occasion de grandir, et si nous lui faisons face avec un sens du devoir, nous nous sentirons davantage en contrôle de notre chute. Nous deviendrions ainsi plus fortes, mieux préparées à relever les inévitables défis placés sur notre chemin.

13

LE PONT

L'Entre-deux mondes

Sur cette carte, le pont représente l'entre-deux mondes. D'un côté du gouffre se trouve le monde ordinaire, le quotidien où nous nous sentons désormais trop à l'étroit, et de l'autre miroite l'autre-monde, où scintillent promesses et possibilités. Le pont nous invite à traverser. Mais croyons-nous réellement au nouveau monde magique d'en face ? Croyons-nous vraiment qu'il restera aussi lumineux et brillant une fois que nous aurons traversé ?

Le pont est un point de transition d'un lieu à un autre ou d'un état à un autre. C'est un lieu liminal – un lieu entre les histoires – où les vieilles légendes s'effacent pour laisser place à de nouvelles. Ses invitations prennent des formes diverses alors que nous hésitons, sur le point d'une transformation profonde. En nous tenant là, sur le pont, on nous demande d'embrasser l'incertitude. Ici, on attend, on ne connaît pas encore le futur. Doit-on d'ailleurs croire en ce possible futur ? Doit-on accepter de quitter notre vieux monde, celui que l'on connaît, qui est sûr et familier, et prendre la décision d'en explorer un nouveau, indéterminé ?

La carte du Pont nous enjoint à croire – à la possibilité d'un nouveau monde et d'une nouvelle vie, dans cette nouvelle histoire qui se dévoile à nos yeux. En un sens, c'est un acte de foi qui nous est demandé. La structure du pont est solide et sûre sous nos pieds, mais nous ne pourrons en être certaines qu'une fois le premier pas fait.

14

LE CERCLE DE PIERRE

Le Paysage sacré

Nos ancêtres ont construit un nombre surprenant de cercles de pierre à travers l'Europe. Des recherches suggèrent qu'ils servaient à la fois d'observatoires astronomiques et de sites rituels. Ces deux fonctions sont liées l'une à l'autre : les cercles de pierre représentent l'ancienne croyance selon laquelle les objets célestes et leurs cycles exerceraient une influence subtile sur le comportement humain, mais aussi sur la santé et le bien-être de la Terre. Nos ancêtres croyaient en un cosmos interconnecté dans lequel nous faisions partie d'un tout complexe et vivant. Cette carte vient nous rappeler cette interconnexion.

Les rites qui se sont tenus sur ces sites sacrés ont certainement été associés à une temporalité spécifique du cycle solaire. De nombreux cercles de pierre sont alignés suivant la position du Soleil aux équinoxes ou aux solstices. Nos ancêtres honoraient les cycles et les saisons de la Terre, du monde naturel dont ils faisaient partie intégrante et du cosmos autour d'eux.

Cette carte souligne le besoin de reconnaître et d'honorer les cycles et les saisons de nos propres corps et vies. Le corps est lui aussi un site sacré. De quelle façon pourriez-vous être encore plus en harmonie avec le vôtre ? Comment pourriez-vous reconnaître son besoin ponctuel de repos et vous réjouir par sa force et son énergie à d'autres moments ? D'une certaine façon, notre corps est notre âme sœur. Notre voyage à travers la vie dépend de lui : le corps est littéralement la base de notre être. Cette carte nous invite à considérer notre corps en tant que fondation sacrée.

15

LE CAIRN

Un portail vers le mystère

À un moment donné – ou plutôt, à plusieurs – nous nous retrouverons à faire l'expérience d'un sentiment de stupeur ou d'« étrangeté » semblant découler d'une nécessité intérieure qui brûle en nous. Si nous sommes prêtes à devenir les élèves de ces maîtres, nous commencerons par être consumées par des questions relevant de la vérité ultime et du sens de notre existence. Mais ce ne sont pas des questions dont les réponses sont évidentes ; peut-être que le cœur de la réponse se trouve dans le questionnement. Le mystère de la vie et notre place en son sein sont à pondérer et non à résoudre.

Le mystère ne peut être compris par l'esprit rationnel. Être à l'aise avec le mystère revient à être prête à pénétrer dans l'obscurité profonde du cairn – de se promener dans le noir et de s'y reposer un instant. Le mystère nous enlève l'illusion selon laquelle nous savons exactement où nous allons, que nous sommes les seules auteures de notre histoire, et nous permet de rester sur nos gardes.

Lorsque nous embrassons le mystère, le monde se révèle comme un lieu de possibilités, et notre voyage à travers lui prend un tournant initiatique. La carte du Cairn nous encourage à abandonner notre besoin de contrôle. Remettez-vous-en au mystère, à ses murmures et la lumière créée pour vous conduire hors des ténèbres vous trouvera toujours.

16

LA COUR DU ROI PÊCHEUR

Les Trésors de l'autre-monde

Dans le corpus des légendes européennes que constitue la quête du Graal, la Cour du roi pêcheur est une source de subsistance et un trésor de l'autre-monde pouvant parfois apparaître ici-bas. Mais ce lieu magique, traditionnellement situé sur les berges d'une grande et large rivière, nous offre plus que de la nourriture et des joyaux: c'est la source de tous les trésors de la Terre. Les choses sauvages, la beauté du monde naturel.

Dans les traditions européennes, l'autre-monde est un endroit luxuriant et fertile. Il peut toutefois s'avérer dangereux, semé de nombreux pièges pour les orgueilleux ou les imprudents, mais il est généralement considéré comme une terre d'abondance. C'est un lieu de beauté et d'harmonie, et non d'obscurité et de terreur. Un pays qui existe en dehors des lois du temps et de l'espace, berceau des divinités, des esprits et des êtres surnaturels – et de nos ancêtres. Ce monde est parallèle au nôtre mais y pénètre parfois.

L'autre-monde est hors de toute atteinte, uniquement accessible à certaines périodes de l'année ou par des portes ou lieux plus « perméables », ou bien encore par invitation. Pour nos ancêtres, il était tout aussi réel que notre monde ; il était simplement perçu différemment – non pas par les sens physiques, mais par ce qu'on appellerait aujourd'hui les sens psycho-spirituels. Cette carte nous rappelle que nous trouverons toujours notre plus grande source de joie et de subsistance dans la magie de la terre, cadeau de l'autre-monde. Elle nous rappelle d'être reconnaissantes et respectueuses de l'abondance qui nous est offerte.

17

L'ÎLE DES FEMMES

Les Mystères féminins

Dans la mythologie irlandaise, *Tír na mBan*, également connue sous le nom de l'Île des femmes, est une île par-delà l'océan Atlantique. Parfois appelée « terre des vivants », elle se présente comme un lieu magnifique, vibrant de couleurs, empli de musique, de fleurs, d'arbres et d'oiseaux. Dans la tradition britannique, Avalon est également une île habitée exclusivement par des femmes, guérisseuses et érudites, à l'image de Morgan le Fay.

L'Île des femmes est un lieu où les mystères féminins sont célébrés ; un lieu qui permet de les explorer en toute sécurité et sororité. C'est une terre cachée et protégée ; les hommes y accostent en hôtes indésirables, à leurs risques et périls. Les mystères féminins qui sont honorés et explorés ici comptent celui des ménarches, des menstruations, de la maternité et de la ménopause : les mystères créatifs qui déclenchent l'émergence d'une nouvelle vie, d'expressions artistiques et d'idées novatrices.

Le féminin archétypal est également célébré dans toutes ses formes sur l'Île aux femmes. C'est un lieu où le féminin perdu ou meurtri est exploré, réapproprié et réinventé. C'est un temenos ; un sanctuaire. Elle est protégée du monde extérieur, et ce qu'elle conserve en son sein n'appartient qu'aux femmes. Cette carte vous invite à trouver un lieu sûr et à vous y reposer un instant pour y explorer les mystères de la féminité. Dans cet espace sacré et inviolable, vous pouvez explorer les mille et une façons dont ses forces se manifestent dans votre vie.

2^{E} SUITE
LES ALLIÉES

1

LA VIERGE AU PUITS

La Voix de l'autre-monde

Dans les légendes de la quête du Graal, une des anciennes histoires raconte que des jeunes filles émergeaient autrefois des puits dispersés dans le pays, offrant nourriture et rafraîchissement aux voyageurs nécessiteux qui s'y approchaient. Le puits des vierges tire son pouvoir de l'autre-monde, il était source de vie pour la terre sur laquelle il était bâti. Lorsqu'un roi dédaignait les anciennes coutumes et violait une des jeunes vierges, cette dernière se retirait dans le puits. Par conséquent, la terre devenait aride et, dit-on, les voix du puits se tarissaient. Le lien entre notre monde et l'autre-monde se brisait, la terre perdait son cœur et nous perdions le pont – le féminin sacré – qui nous connectait à lui.

La Vierge au puits est un pont vivant entre l'autre-monde et le nôtre ; elle est l'intermédiaire de la sagesse de l'autre-monde et la médiatrice de sa force vitale. En tant qu'alliée dans notre Voyage, elle nous invite à retisser cette connexion : à nous remémorer le temps où la terre et les hommes ne faisaient qu'un, où l'on pouvait plus facilement accéder à la sagesse de l'autre-monde. Elle nous rappelle que nous devons honorer et nous réapproprier le féminin sacré ; réassimiler le mystère féminin refoulé des siècles durant. Ce n'est qu'ainsi que nous pourrons rétablir l'harmonie qui nous guidera hors des Terres désolées ; ce n'est qu'ainsi que les Voix du puits pourront de nouveau être entendues.

2

LA VIEILLE FEMME GRUE

Gardienne du seuil

Dans la mythologie celtique, les grues sont associées aux vieilles femmes. Elles gardent les trésors de l'autre-monde et les passages qui mènent à ses demeures. Tout comme le héron, la grue évolue aussi bien sur l'eau que sur terre ou dans les airs, ce qui en fait le symbole de la métamorphose et de la magie. Oiseau puissant et liminal, elle sert de guide à ceux qui souhaitent franchir les frontières.

Au cours de tout voyage, nous atteindrons un ou plusieurs seuils séparant un lieu – un monde – d'un autre. Points de transition vers de nouvelles façons d'être, ces seuils ont évidemment leur gardienne, qui s'assure que ceux qui s'approchent sont équipés pour la traversée. La gardienne du seuil n'est pas forcément un monstre qui vous sautera à la gorge – même si elle ne doit pas être prise à la légère ! Mais son jugement est sans appel : soit vous êtes prête pour cette nouvelle aventure, soit vous ne l'êtes pas.

La Vieille Femme grue est une contradiction : elle tient à la fois de l'oiseau sauvage et de la vieille femme sage et constante. Sa décision concernant votre capacité à affronter les défis qui s'annoncent dépendra de votre approche, et il est fort possible qu'elle vous teste par une question ou une énigme à résoudre. Mais la gardienne du seuil n'est pas votre ennemie ; si vous êtes prête à traverser, elle vous montrera la voie. La Vieille Femme grue – si vous lui demandez poliment et lui présentez vos hommages – sera votre guide spirituel. Avec cette carte, elle vous invite à répondre volontairement à ses questions sur votre préparation pour le Voyage qui se profile et à lui révéler l'essence même de qui vous êtes.

3

LA SOUVERAINETÉ

La Puissance de la terre

La mythologie celtique gravite principalement autour de ses déesses et, en considérant que l'essence créative de l'univers est féminine, place les femmes en tant qu'axe spirituel du monde. Le féminin sacré celte dans toutes ses incarnations était, avant tout, profondément enraciné dans un lieu, indissociable des paysages qui le caractérisaient. Signes de la Souveraineté, ils représentent une caractéristique de la déesse de la Terre, qui en est la gardienne et la protectrice. La Souveraineté incarnait l'esprit de la terre elle-même, une force écologique primordiale, l'*anima mundi*.

Le pouvoir de la Souveraineté revêtait une importance capitale. Sous le règne d'un roi favorisé par la déesse, la terre était fertile et prospère, et la tribu, victorieuse. Mais si le pouvoir accordé était utilisé à mauvais escient, alors le désastre frappait. La Souveraineté est une alliée qui nous rappelle que la terre doit être respectée. Tant qu'un respect mutuel existe entre la déesse et le roi, la terre et ses habitants, la nature et la culture, le féminin et le masculin, alors la vie est prospère. Mais lorsque l'on refuse cet équilibre et fausse l'harmonie avec le monde qui nous entoure, la terre fertile redevient une friche. En ce sens, la Souveraineté nous rappelle que la source de notre pouvoir en tant que femmes – et l'image du divin qui vit en chacune d'entre nous – vient de la terre. Il nous incombe alors de devenir ses gardiennes et ses protectrices.

4

LA SELKIE

La Peau de phoque

La légende de la Selkie raconte l'histoire d'une femme dont la peau de phoque est volée par l'homme qui souhaite la garder à ses côtés comme épouse. Suite à ce vol, elle est contrainte de conserver forme humaine, apparence que les Selkies ne peuvent adopter qu'une fois par mois à la pleine lune. La femme-phoque se retrouve donc littéralement arrachée à son élément marin et piégée sur terre, un endroit auquel elle ne pourra jamais tout à fait appartenir. Elle perd sa place dans le monde et par extension son histoire : son être véritable et authentique.

La Selkie symbolise le désir, la quête d'une partie de nous-mêmes que nous avons perdue, ou peut-être que nous possédions autrefois sans jamais en avoir pris conscience. Nous sommes tellement nombreuses à avoir perdu nos peaux jeunes. Les conséquences de cette perte, de cette déconnexion, de cette séparation d'avec notre nature véritable et de ce qui nous nourrit et nous émancipe ne deviennent claires que bien des années plus tard.

Cette carte vous encourage à vous souvenir de votre peau perdue, de votre singularité, de votre pouvoir unique de création en tant que femme. Se remémorer la fourrure qui sentait si bon votre foyer et votre nature sauvage. Comment pouvez-vous générer une nouvelle peau – une peau qui représente l'essence de qui vous êtes à cet instant précis, vous permettant d'accepter et d'incarner pleinement la femme sauvage qui sommeille en vous ?

5

MIS

La Folie divine

La légende irlandaise de Mis (prononcée « Mish ») raconte l'histoire d'une femme qui, folle de chagrin et marquée par les horreurs de la guerre, développe une fourrure et un plumage. Elle s'envole vers les collines et les bois, se nourrit d'aliments crus dans la nature et laisse ce monde qui lui est intolérable derrière elle. Mis symbolise la femme qui ne peut, ni ne veut, se soumettre aux brutalités de ce monde. Elle se retire de la « civilisation » et cherche refuge dans la nature.

À la suite d'une grande peine ou d'un événement traumatique, l'archétype de la femme folle ou sauvage pourrait se libérer en nous. À ces moments de nos vies, il pourrait être bénéfique de tout laisser derrière nous et de nous enfuir vers la solitude simple des collines, de nous retirer de ce quotidien intolérable. Pour exprimer notre rage sans risque, panser nos blessures et laisser le pouvoir guérisseur de la nature faire son œuvre. Car cette désintégration de nos êtres civilisés et sociaux nous force à dévoiler, jusqu'au plus profond de nous, ce que nous croyons être la source de vie.

Mis est la femme sauvage originelle, notre porte-parole. Celle qui exprime la rage que nous ne pouvons dire, le chagrin qui nous dévore, les voix que nous avons réprimées par peur. Mais l'amour et la douceur guérissent Mis, lui permettant alors de retourner dans ce monde avec une nouvelle force et un nouveau but.

6

CERIDWEN

L'Initiatrice

Dans l'ancienne histoire galloise de l'enchanteresse Ceridwen, celle-ci poursuit Gwion Bach, un jeune garçon ayant bu trois gouttes de la potion du chaudron d'inspiration qu'elle avait préparée pour son fils. La course-poursuite qui s'ensuit permet au garçon de découvrir et de mettre en pratique le nouveau savoir acquis, se transformant pour tenter d'échapper à Ceridwen. Mais on ne peut se soustraire à la déesse sombre qui, après lui avoir fait passer plusieurs épreuves destinées à tester son nouveau talent, le rattrape, l'avale et le fait renaître en tant que Taliesin, voué à devenir le plus grand des prophètes et des bardes.

Le chaudron, dans l'histoire de Ceridwen, symbolise l'utérus en tant que source de renaissance et de transformation. Elle est la gardienne du chaudron et son histoire reflète le rôle des femmes dans nos mythologies, où elle endosse celui de source de vie et de création. Boire de son chaudron d'inspiration est assimilé à une initiation, marquant le début d'un rituel initiatique long et difficile, et des inévitables métamorphoses qui en résultent.

Ceridwen nous rappelle que même à la suite d'initiations des plus éprouvantes, un grand renouveau est toujours possible. Gardez courage : buvez dans le chaudron d'inspiration, même si vous ne croyez pas que la potion vous soit destinée et ne connaissez pas encore la nature de la transformation qui vous sera demandée.

7

ELEN

Bâtisseuse et guide

Dans une ancienne histoire galloise intitulée « Le rêve de Macsen Wledig », Elen, princesse mystique britannique, apparaît en rêve (*aisling*) à l'empereur romain Macsen. Elle y endosse le rôle de guide, le captivant par la vision d'une belle contrée par-delà les mers et d'une femme à la beauté exceptionnelle, dont il tombe immédiatement amoureux. Ainsi, Elen capte son attention au fil du rêve qu'elle tisse, le menant jusqu'à elle pour qu'il l'épouse et règne à ses côtés.

L'histoire nous révèle que c'est Elen qui a bâti les prétendues voies romaines reliant pour la première fois les régions éloignées du pays. Le récit dit clairement que les hommes de Grande-Bretagne ont permis à Elen, et à personne d'autre, de construire ces routes, car elle était « native de cette terre », sa représentante. Elen, comme tant d'autres personnages féminins des histoires et de la mythologie celtiques, incarne la Souveraineté, la déesse de la Terre.

La construction de ces grandes voies est la raison pour laquelle Elen est aujourd'hui connue sous le nom d'Elen des voies. Ainsi, Elen peut être perçue comme une alliée dans notre Voyage, une déesse et guide qui nous aide à rêver pour mieux incarner notre propre chemin à travers la vie. Cherchez-la dans vos rêves.

8

RHIANNON

La Messagère

Dans l'ancien récit gallois *Les Mabinogion*, Rhiannon, une autre incarnation de la Souveraineté, quitte l'autre-monde sur un cheval blanc pour faire du roi de Dyfed, Pwyll, son époux. Fougueuse et ingénieuse, elle semble de prime abord détenir tous les pouvoirs dans cette relation. Mais elle inspire de la méfiance aux habitants de Dyfed, ses propres compagnes la trahissent et son époux doute d'elle. Injustement accusée d'avoir tué puis mangé son fils, elle devra, en guise de pénitence, répéter le mensonge du péché dont elle est accusée à tous ceux qui se présenteront à la cour de Dyfed. Son fils est finalement retrouvé, rétablissant la vérité.

Comme Rhiannon, nous devons nous souvenir et rester fidèles à nos propres vérités au fur et à mesure que nous progressons dans notre Voyage de l'Héroïne. Nous devons toujours insister pour raconter nos propres histoires, directement issues de nos expériences vécues et authentiques. Au cours de nos vies, chacune d'entre nous entendra par un tiers des histoires sur et contre elle. Certaines d'entre elles s'entremêleront si étroitement avec le tissu de nos vies quotidiennes qu'il sera difficile de les démêler.

Rhiannon devient ainsi une alliée qui nous aidera à discerner et à confirmer les véritables histoires de nos vies. Celles qui proviennent de nos superbes cœurs et des manières d'être et de résister qui nous sont propres.

9

LA LUNE ENSEVELIE

Le Féminin caché

Dans un très ancien conte, qui trouve son origine dans les marais de l'est de l'Angleterre, la Lune décide de s'aventurer à travers les marécages et se retrouve prise au piège par les « entités obscures » qui y résident. Déterminées à détruire le pouvoir de la Lune, ces entités obscures l'ensevelissent dans un trou noir, méprisant sa clarté et cherchant à l'éteindre.

La carte de la Lune ensevelie représente le cœur perdu du féminin : le cœur qui renferme tous les secrets de la vie. Son histoire reflète celle que d'innombrables femmes ont vécue à travers les âges, leurs existences dominées par des cultures patriarcales qui, terrifiées par le pouvoir féminin, n'ont reculé devant rien pour le réprimer, créant de nouvelles narrations pour dissimuler cette vérité. Les chasseurs de sorcières qui ont enterré la Lune il y a bien longtemps déjà.

Mais comme la lumière de la Lune, dont la lueur s'échappe des interstices de la pierre qui la recouvre et de la terre marécageuse qui l'enveloppe, notre lumière peut aussi briller par toutes les fissures que nous pourrons ouvrir. Nous en sommes venues à oublier la lumière de ces qualités féminines si profondément enfouies en nous et où les trouver.

Ainsi, à cette étape de notre Voyage, la Lune s'impose en alliée. Elle nous encourage à chercher au plus profond de nous le mystère féminin réprimé des siècles durant : les manières d'être et de connaître des femmes, qui croissent et décroissent constamment, associées non seulement au cycle menstruel du corps féminin et donc à la maternité, mais également à la plus large sphère de la mort et de la renaissance.

10

SHEELA-NA-GIG

Fertilité et créativité

En Grande-Bretagne et en Irlande, disséminées parmi les églises médiévales, châteaux, puits sacrés, ponts et enceintes de cités, vous trouverez un nombre étonnant de sculptures de pierre représentant des femmes exposant leurs parties génitales, montrant leur vulve ou la maintenant écartée de leurs mains. Ces figures sont appelées Sheela-na-Gigs. La partie supérieure de leur corps est marquée par les signes de l'âge et de la mort : leurs seins sont flétris, leurs côtes squelettiques, leurs têtes ressemblent à des crânes et leurs yeux sont creux. Mais la partie inférieure nous ramène à la sexualité féminine, à sa fertilité et à l'accouchement.

On pense que ces figures représentaient des déesses païennes associées à la fertilité ou à l'enfantement, mais aussi à l'au-delà. Dans les plus anciennes traditions européennes, les deux attributs vont presque toujours de pair. Il y a deux facettes à l'archétype omniprésent de la Déesse Mère : la mort et la naissance. Chaque vie porte en elle les graines de sa mort et la fin n'est autre qu'un nouveau départ.

En tant qu'alliée dans notre Voyage, la Sheela-na-Gig est une sage-femme qui nous rappelle de nous servir de l'énergie et du pouvoir de création que nous détenons en tant que femmes, et de la nature de notre fertilité, qui change au cours de nos vies. La fertilité ne se résume pas qu'à donner naissance à des enfants, mais aussi d'enfanter toutes sortes de vies en ce monde.

11

CAILLEACH

Protectrice de la Nature

Dans les folklores irlandais et écossais, la Cailleach (prononcée « Kalyack ») est la sorcière divine, la déesse créatrice des territoires qui donnent forme à la Terre au fil des âges. Les histoires rapportent la manière dont elle a construit d'énormes tertres et mégalithes en une seule nuit, façonné les collines et les montagnes, et participé à la formation d'immenses lacs.

Comme les cycles et les saisons de la nature sur laquelle elle règne, la Cailleach se renouvelle constamment : chaque année au printemps ou chaque siècle, en se baignant traditionnellement dans une étendue d'eau. Mais par-dessus tout, la Cailleach est représentée comme la protectrice féroce de la Terre et la gardienne de son équilibre. Elle s'assurait que les humains ne pouvaient pas prendre plus que ce que la terre pouvait donner. Les chasseurs avaient pour elle un profond respect et, s'ils suivaient ses instructions sur quelle biche abattre et quand, elle faisait en sorte qu'ils aient suffisamment de nourriture et de fourrures.

En ces temps troublés et ces conditions environnementales éprouvantes, nous, les femmes, devons embrasser notre Cailleach intérieure : se battre pour l'intégrité et la santé des habitats sauvages et des créatures de ce monde. La Cailleach est notre alliée dans cette mission, nous enseignant que nous sommes la terre et vice-versa. Elle nous rappelle aussi que vieillir, c'est devenir plus forte, aussi tenace que les vieux os de cette magnifique Terre.

12

BEAN FEASA

La Sagesse des femmes

La Femme sage – la *Bean Feasa* (prononcée « Ban Fassa »), littéralement la « femme au savoir » – est une figure clé du folklore celte. Puissante guérisseuse, ses méthodes dépassent les pratiques de la phytothérapie, traditionnellement associée aux femmes sages dans d'autres traditions. La *Bean Feasa* agirait plutôt comme une intermédiaire entre les humains et l'autre-monde, incorporant dans sa pratique des éléments du guide spirituel et de la psychologue-thérapeute moderne.

Le lien étroit de la *Bean Feasa* avec l'autre-monde peut être perçu comme chamanique dans sa nature, puisqu'impliquant des visites au monde des esprits afin de retourner avec des récompenses et connaissances. En ce sens, elle était capable d'établir non pas juste une communication mais une sorte d'équilibre entre les deux mondes, qui encourageait ensuite un équilibre moral et spirituel dans sa communauté.

En tant qu'alliée dans notre Voyage, la *Bean Feasa* nous offre la sagesse ancestrale et spirituelle, nous enseignant comment nous pourrions vivre de manière équilibrée en ce monde et en harmonie avec nos communautés. Elle nous demande d'écouter les murmures de l'autre-monde et nous montre comment discerner le sens et la nature véritable d'événements et de situations, dans toute la complexité de leurs interconnexions. Avec son aide, nous pouvons découvrir la ligne de conduite la plus sage à tenir et les décisions les plus sages à prendre sur notre chemin.

13

MACHA

Force et endurance

Macha était une « femme-fée » – dont l'origine remonte peut-être à une ancienne déesse des chevaux – qui se présenta à un fermier d'Ulster (Irlande) et l'épousa, apportant fertilité à ses champs et santé à ses cultures et son bétail.

Bien qu'elle lui ait interdit de révéler son secret, le fermier se vanta auprès du roi d'Ulster que sa femme courait plus vite qu'aucun des chevaux royaux. En conséquence, le roi força Macha, alors enceinte de jumeaux, à rivaliser avec ses chevaux. Elle remporta la course mais mourut sur la ligne d'arrivée après avoir donné naissance à deux garçons en parfaite santé. Avant de mourir, elle jeta une malédiction sur les hommes d'Ulster : ils devaient être pris de la peur et des douleurs de l'accouchement ressenties par les femmes lorsqu'ils se retrouveraient face à leurs ennemis au combat. Ce sort devait perdurer neuf générations.

Macha nous encourage à nous souvenir de la force des femmes et de notre capacité à endurer la douleur et l'adversité. Toutefois, ce dont nous avons besoin, pendant ce Voyage de l'Héroïne, ne se résume pas seulement à la force physique, mais à la force intérieure découlant de la conscience que notre vie est importante et précieuse, et que nous possédons la détermination nécessaire de poursuivre notre Voyage même dans les moments difficiles. Cette force intérieure nous permet d'affronter des décisions difficiles sans vaciller, d'être responsables de nous-mêmes et de nos actes, et de comprendre que nous sommes les auteures et narratrices de notre propre histoire.

14

LA VIEILLE FEMME DES RÊVES

Créatrice de visions

Un ancien conte écossais rapporte l'histoire d'une vieille femme et d'un vieil homme vivant dans une caverne sur les hauteurs des montagnes de Cuillin, sur l'île de Skye. Le couple crée tous les rêves du monde. La Vieille Femme des rêves est dotée de vision profonde. Elle voit et comprend tout ce qui se passe dans le monde en regardant dans l'eau noire de la caverne. Elle utilise cette connaissance pour créer la substance à partir de laquelle son époux élabore les rêves du monde. Ensemble, ils rêvent littéralement l'incarnation du monde.

Dans le conte, une jeune fille se perd dans la brume et reste avec le couple pendant un an et un jour, les aidant dans leur tâche. La jeune fille en vient alors à comprendre l'importance de l'apprentissage. Sous la tutelle de la vieille femme, elle apprend à interpréter les rêves : un don qu'elle met plus tard à profit dans le pays de son mari et transmet, à son tour, pour le plus grand bénéfice de tous.

La carte de la Vieille Femme des rêves nous rappelle que nous devons toujours prendre le temps d'apprendre de nos rêves et des connaissances qu'ils renferment. Bien que beaucoup de nos rêves ne fassent pas sens dans un contexte narratif, les personnages qui les peuplent et les images qui y apparaissent détiennent des informations qui pourraient nous aider sur le chemin. Nos rêves reflètent également la sagesse de notre moi intérieur : la partie de nous-même qui sait ce qui est bon pour nous lorsque notre esprit conscient l'ignore.

15

LA PORTEUSE DU GRAAL

Force et endurance

Bien que les légendes médiévales du Graal soient traditionnellement centrées autour d'une quête héroïque, les femmes occupent une place centrale dans sa mythologie : elles en sont les porteuses et ses messagères.

À l'instar de tous les chaudrons et coupes des anciens récits et histoires celtes, le contenu du Graal, offert par sa porteuse, n'est autre que l'essence créative et génératrice de l'autre-monde qui anime la terre. Ainsi, la quête du Graal, donneur et protecteur de vie, est une quête pour honorer et restaurer l'*anima mundi*, l'âme du monde.

La carte de la Porteuse du Graal nous rappelle que toute vie est sacrée et un cadeau précieux. Nous ne sommes pas venues en ce monde pour être seules mais pour appartenir à une communauté d'humains et d'êtres, étroitement enchevêtrée à la trame de la vie sur cette Terre, aussi belle que vivante. Cette vie, à laquelle nous avons pris part, ne désire rien d'autre que faire un avec nous. Si seulement nous pouvions apprendre à écouter et à voir, nous comprendrions que chaque oiseau souhaite chanter pour nous, que chaque fleur souhaite éclore pour nous. La Porteuse du Graal nous encourage à comprendre que nous faisons partie d'un monde vivant, à sentir le pouls de la vie autour de nous qui, si nous choisissons de nous ouvrir à lui, nous nourrira et nous soutiendra.

16

BEAN SÍ

La Pleureuse

La *Bean Sí* (« banshee ») dans le folklore irlandais est l'esprit d'une vieille femme qui annonce la mort prochaine des membres de certaines anciennes familles, avec lesquelles elle est liée, par des cris, des gémissements, des hurlements ou des pleurs. Ses cheveux sont emmêlés, ses yeux rouges et gonflés par ses pleurs incessants.

La *Bean Sí* est associée à la *Bean Chaointe* – la Pleureuse – qui, traditionnellement, conduit le deuil en chantant une sorte de mélopée funèbre lors des veillées. De cette façon, elle tient en quelque sorte de la sage-femme, puisqu'elle facilite le passage à la mort plutôt que la naissance. On l'assimilait ainsi à une entité psychopompe : une passeuse d'âme.

Pleurer est un acte cathartique. C'est aussi une manière d'honorer notre chagrin, qu'il soit lié à nos blessures, à celles de nos proches ou à celles du monde. Faire son deuil est une réponse normale et nécessaire face à la douleur et à la perte. La *Bean Sí* nous intime de nous laisser du temps et de l'espace pour pleurer les morts, et laisser derrière nous les parties qui sont mortes avec eux pour pouvoir continuer notre Voyage.

17

LA MORRÍGAN

Mort et renaissance

La Morrígan est une déesse complexe de la mythologie irlandaise, principalement associée au cycle de la mort et de la renaissance. Dans un ancien poème, on fait référence à elle sous le nom de la « reine fantôme » ou de la « terreur de la nuit ». Elle était aussi associée à la guerre : pas seulement comme symbole de mort imminente mais aussi comme pouvant influer sur l'issue des batailles. Dans ce contexte, elle représente une autre incarnation de la déesse de la Souveraineté, protégeant un territoire et ses habitants, leur accordant aide militaire ou protection au roi.

La Morrígan, et ses nombreux visages, nous encourage à reprendre possession du féminin obscur, d'embrasser l'obscurité comme la lumière. La plupart d'entre nous ont grandi dans un monde où les femmes sont souvent diabolisées : la méchante sorcière, la mauvaise mère, la folle… Mais en rencontrant ces exemples du féminin obscur qu'alimente la culture dominante, nous ne voyons que rarement ses autres facettes et qualités positives : celles de transformation, de guérison et de renaissance. Cela dessert énormément les femmes, nous laissant déconnectées de tout un pan des possibilités du féminin sacré.

Le féminin obscur constitue une part intégrante de notre être, enraciné dans les profondeurs les plus anciennes de notre psyché. Il révèle l'énergie essentielle qui capture les mystères de la féminité et de la magie, du chaos de la création et de la destruction, de la naissance et de la mort, de la rage et de la colère vertueuse, de la grande compassion, de la sexualité et de l'extase spirituelle et physique.

3^E SUITE

LE VOYAGE

1

LA QUÊTE

La quête se présente comme un voyage commandité, dont le but ou l'objectif – une marmite d'or, un foyer, la réponse à un mystère – est clairement défini dès le départ, même si la course précise dudit voyage ne se déroule pas toujours exactement comme prévu.

Le Voyage du Héros, tel qu'identifié par le spécialiste américain de la mythologie Joseph Campbell, est avant tout un récit de quête, comme les sagas l'*Épopée de Gilgamesh* et l'*Odyssée*. Cette forme narrative, la plus répandue dans les mythes ou le folklore du monde, impose traditionnellement à l'Héroïne de surmonter une série d'obstacles ou de passer une série d'épreuves pour accéder à ce qu'elle désire ou pour subir une transformation nécessaire.

Parfois, l'Héroïne entreprend une quête sans avoir d'objectif précis, si ce n'est d'aller « chercher fortune ». Elle peut être chassée de chez elle et ne choisit donc pas volontairement de s'embarquer pour ce Voyage. Cependant, tôt ou tard après son départ, elle découvrira quelque chose qui transformera son errance initiale en une véritable quête.

Si l'allure de votre Voyage s'apparente à celle d'une quête, assurez-vous de désirer réellement ce que vous cherchez ; assurez-vous aussi de ne pas avoir été envoyée sur une « fausse quête » par quelqu'un d'autre. Soyez honnête envers vous-même : votre raison première d'entamer ce Voyage est-elle la bonne ?

2

IMMRAM

En irlandais, *immram* signifie littéralement « ramer ». Dans les anciens contes (*immrama*), le protagoniste (toujours un homme et généralement un ecclésiastique ou un pénitent) navigue à bord d'un simple coracle (un petit bateau rond en peaux de bêtes) sans destination précise en tête. Le but de l'expédition est simplement de voir où Dieu le guide. Si nous nous embarquons pour un immram, nous nous abandonnons alors au destin. Sans destination préétablie, un immram se résume donc à placer sa confiance en tout ce que la vie pourrait nous réserver.

Ce voyage se déroule sans carte, sans chemin déterminé. À certains moments de nos vies, cela peut être une bonne chose, une nécessité, car suivre les chemins que d'autres ont tracés pour nous, les chemins auxquels nous confine la culture dominante, peut être la cause de nombreux problèmes.

Ces chemins déjà tracés pourraient ne pas refléter notre véritable être, et bien que nous ressentions souvent le besoin de changer quelque chose dans nos vies, nous ne savons pas toujours à quoi ce changement doit ressembler. Il s'agit donc d'un voyage où nous partons tout simplement. Nous franchissons le seuil, pas à pas, déterminées, et avançons. Nous plaçons notre confiance dans le destin, ou dans les dieux, pour nous indiquer la bonne direction.

3

LE PÈLERINAGE

La nature du Voyage du pèlerin est toujours spirituelle. On l'entreprend pour recevoir une révélation quelconque, ou pour trouver un sens plus profond au monde et à notre place en son sein. Un pèlerinage exige que nous abandonnions tout pour apprendre ce que nous pouvons garder et comprendre ce qui nous appartient. C'est une quête de connaissance, une quête de soi. Un pèlerinage commence aussi par un désir : un désir de connexion intime, d'une véritable communauté qui puisse nous soutenir, ou simplement de changement.

Un pèlerinage nous demande avant tout de nous abandonner au Voyage et de nous ouvrir à d'autres façons de vagabonder et d'observer. La voie du pèlerin serpente à travers l'inconnu, souvent en terrain irrégulier, et ce long et laborieux Voyage requiert de l'endurance, de la résilience et de la concentration. Il n'y a rien d'autre à faire que de continuer à avancer.

Pas à pas sur ce trajet cahoteux, un pied après l'autre. Le chemin s'effacera derrière vous, il ne sera plus possible de faire machine arrière. Une fois que vous aurez compris jusqu'où vous devrez voyager, il sera peut-être difficile de faire face à cette route aussi longue qu'éprouvante qui se profile.

C'est pourquoi nous devons chercher et accueillir l'aide de nos alliés au cours du voyage. Les alliés les plus précieux sont ceux qui nous enseignent que nous ne pouvons réussir seules, qu'il est d'ailleurs insensé de réussir seules, car le principal trait du Voyage de l'Héroïne est de découvrir les joies et l'importance de la communauté. Nombreuses sont les personnes qui empruntent les chemins de pèlerinage et si nous y sommes ouvertes, nous trouverons différentes sortes d'alliés le long de ceux-ci. Mais seulement quelques-uns d'entre eux sont humains.

4

LE LABYRINTHE

Au Moyen Âge, parcourir le labyrinthe des grands sites chrétiens, comme Chartres (France), s'est mêlé à la tradition du pèlerinage. Les labyrinthes gravés dans le sol de pierre des cathédrales marquaient souvent la fin du parcours du pèlerin, devenant ainsi un symbole du cheminement spirituel entrepris, aidant au processus d'intégration.

La carte du Labyrinthe nous rappelle que le tracé de la vie n'est pas linéaire. Mais son chemin unique mène, à terme, à son centre : le chemin du cœur. La bonne nouvelle est que les labyrinthes ne sont pas des dédales : ils sont conçus pour vous aider à trouver votre chemin jusqu'au centre. Plus précisément, ils sont spécialement élaborés pour nous centrer. Car parcourir le labyrinthe nous hisse un instant hors du monde ordinaire, favorisant la méditation.

Et juste là, au centre du labyrinthe, vous découvrirez de nouvelles perspectives, trouverez l'ancienne sagesse ou obtiendrez de nouvelles connaissances. Vous commencerez à comprendre pourquoi vous avez choisi ce chemin. Il sera alors temps de sortir du labyrinthe, en rapportant avec vous les dons que vous avez reçus en son centre.

5

LES TERRES DÉSOLÉES

Les Terres désolées représentent l'endroit où les rêves se rendent pour mourir. C'est un lieu aride, dépourvu de racines et au sol stérile. En ce lieu, nous sommes coupées de la source de vie. Nous y vivons dès lors que nous nous laissons accaparer par nos métiers, eux qui nous procurent sûreté et sécurité mais nous ôtent but et joie.

Les Terres désolées représentent l'endroit où nous nous sommes laissées devenir ce que nous ne devions pas. Plutôt que de suivre notre instinct, nous passerons le plus clair de nos vies à essayer de rendre les autres heureux, nous glissant dans une pantoufle de verre faite pour eux et non pour nous, et nous laissant guider par notre tête et non notre cœur. Les Terres désolées tuent tout ce qui est vivant et dynamique en nous.

Vivre sur ces terres signifie ne plus être en phase avec les saisons et les cycles, mais aussi avec le monde naturel dont nous avons oublié que nous faisons partie intégrante. Lorsque nous perdons cette connexion à la terre et aux autres êtres non humains qui la partagent, nous nous égarons alors au sens le plus profond. Notre épuisement devient absolu et nous en arrivons à croire que nous sommes seules. Cette carte vous invite à examiner toutes les manières dont vous pourriez encore être enracinée aujourd'hui dans les Terres désolées. Comment pouvez-vous y échapper ? Quels changements sont nécessaires dans votre vie ?

6

L'APPEL

Le Voyage de l'Héroïne commence toujours par un appel à changer. Tôt ou tard, nous sommes appelées à nous réveiller. C'est un appel à sortir de ce quotidien insupportable et à vivre pleinement et de manière authentique. Lorsque nous l'entendons, nous devons répondre à cet appel ou être à jamais perdues dans les Terres désolées.

L'appel peut retentir à tout instant : lorsque nous sommes malheureuses dans notre travail ou dans notre mariage. Lorsque nous développons une maladie chronique, de l'anxiété ou un autre trouble de santé mentale. Lorsque la rage ou le chagrin menace de nous ensevelir. Lorsque nous commençons à réfléchir à notre mortalité, à questionner qui nous sommes, qui nous étions, qui nous pourrions être. Lorsque, pour la première fois, nous voyons enfin les Terres désolées pour ce qu'elles sont.

L'appel retentit lorsque nous nous effondrons. Il vient à nous, tôt ou tard, mais il vient. Et lorsqu'il arrivera, nous saurons que nous devons embarquer pour un Voyage. Quelque chose au fond de nous sait où nous devrions nous rendre. Alors, peu importe à quel point nous résisterons, et peu importe si nous pensons ou non pouvoir résister, nous finirons par partir, parce que nous le devons. Nous partons, parce que rester c'est mourir.

7

LE SEUIL

La carte du Seuil annonce le début de quelque chose et représente une frontière entre ce qui fut et ce qui nous attend dans le futur. Lorsque nous nous tenons sur le seuil, nous nous plaçons sous l'égide du possible.

L'instant où vous franchissez le seuil n'est pas des plus confortables. Vous laisserez le terrain connu derrière vous. Vous êtes sur le point de faire un saut dans l'inconnu et rien de l'autre côté ne vous est encore familier. C'est le point de pression maximum. Avez-vous le courage et la résistance pour vous aventurer en territoire inconnu ?

La carte du Seuil rappelle la pratique monastique traditionnelle du *statio*, un terme souvent utilisé pour désigner les étapes intermédiaires d'un pèlerinage. Le *statio* est une pause intentionnelle. La personne qui est sur le point de pénétrer dans un lieu sacré s'arrête d'abord à la porte pour se défaire de ses fardeaux, soucis ou de toute distraction qui pourrait la gêner dans sa rencontre entre son être véritable et le Divin.

Cette carte vous invite donc à marquer une pause sur le seuil, à inspirer profondément, à méditer sur cet instant entre les instants et à faire preuve de cet acte de foi qui vous conduira sans encombre de l'autre côté.

8

LA CHUTE

Lorsque nous prêtons attention à l'Appel nous invitant à changer et à franchir le Seuil, en imaginant que nous planterons fermement nos pieds sur cette nouvelle route qui nous attend, nous pourrions, à la place, nous retrouver à trébucher, manquant le chemin et chutant dans les ténèbres.

Laissez-vous tomber. Nous devons parfois nous laisser tomber pour amorcer le processus de transformation dans lequel nous sommes à présent engagées. Nous devons nous défaire de nos vieilles façons de penser, de nos anciennes limites, laisser ces vieilles habitudes disparaître pour laisser place à de nouvelles. Car une fois le seuil franchi, la rupture est finale, une sorte de mort : vous ne pouvez redevenir qui vous étiez.

Il ne fait aucun doute qu'il est difficile de basculer dans le vide, de chavirer par-dessus bord, par-dessus tout ce qui est connu et familier, même si cette ancienne vie ne vous apporte plus rien. C'est un grand pas, le premier vers l'unité. Cela signifie abandonner la sûreté familière des structures et soutiens sociaux. C'est un sacré lâcher-prise. Ce ne sont cependant que des jours limitrophes et, si nous voulons les atteindre, nous devons nous tenir à leur lisière de manière délibérée, en ayant pleine conscience de ces temps troublés et des dangers qui guettent notre planète, puis, de notre plein gré, franchir le premier seuil. Et, à un moment durant la chute, vous pourriez finalement vous rendre compte que vous volez.

9

LA DESCENTE

La Descente, dans laquelle nous cherchons la déesse sombre pour attendre son jugement dans l'autre-monde, détruit nos façons d'être et de vivre archaïques. Elle prépare le terrain pour accueillir la sagesse qui nous est nécessaire pour donner naissance à notre moi le plus authentique, le moi conscient de sa place dans ce monde auquel il appartient pleinement. Cette descente ne peut être évitée : le Voyage de l'Héroïne requiert un sacrifice de notre part avant de pouvoir reprendre notre route. On nous demande de sacrifier notre ancien moi du monde d'en haut : toutes les parties de nous-mêmes qui étaient autrefois préservées par notre attachement à ce que nous savons maintenant être l'autre-monde.

Là, dans l'obscurité implacable, l'ego commence à se désassembler. Nous serons démantelées, brisées, pour que nous puissions entamer ce travail long et difficile de remettre nos fragments en place, et renaître en une configuration nouvelle et plus authentique.

On ne peut se soustraire à ce processus, et il peut être difficile. Mais dans ce lieu de destruction, de gestation et de renaissance, nous commencerons à explorer la plus importante des questions : si nous nous débarrassons de tout ce qu'on nous a intimé d'être, que reste-t-il ? Lorsque nous choisissons de renoncer à tout ce qui nous semblait nous définir et nous importer, alors que deviendrons-nous ?

10

LE CARREFOUR

Dans les mythologies européennes, le carrefour est un endroit liminal, où les dieux et les êtres de l'autre-monde s'attarderaient. C'est un site où les rencontres sacrées se déroulent : avec des amis, des étrangers et peut-être même des êtres hors de notre réalité. Vous pourriez y rencontrer vos ancêtres. Approchez le carrefour avec prudence et respect.

Arriver au carrefour, c'est arriver à une étape de choix. Vous pourriez hésiter et tergiverser un moment, mais vous ne pouvez rester là éternellement, vous finirez par être forcée de prendre une décision. Ainsi, le chemin que vous choisirez de prendre changera votre vie à jamais. Mais le chemin que vous devez prendre est rarement clair et les événements qui découleront de ce choix sont souvent imprévisibles.

La carte du Carrefour symbolise donc un lieu qui échappe à votre contrôle. Mais, si le changement est à la fois inévitable et indétectable, alors ne le craignez pas : écoutez quiconque s'y trouverait, puis ayez foi en votre capacité à faire ce choix. Car au carrefour, aucun choix n'est mauvais, tous les chemins promettent un retour chez vous. Peu importe où vous voyagerez, vous apprendrez quelque chose d'important et de vital de cette expérience.

11

LA TENTATION

À un moment donné, lors de notre Voyage de l'Héroïne, nous nous heurterons à une ou plusieurs grandes tentations ; elles sont peut-être les épreuves les plus importantes que nous devrons endurer. Nous pourrions rencontrer des situations ou des personnes qui nous séduiront pour nous détourner de notre véritable voie, nous faisant prendre des décisions qui nous empêcheront d'achever notre Voyage.

La tentation apparaît souvent sous la forme d'une solution de facilité, de choses que nous avons, un jour, désirées plus que tout. Ce leurre séducteur d'une vie facile : une belle maison, un travail bien payé, la sécurité, l'emporte sur l'incertitude. Parfois, elle se présente sous la forme d'un partenaire potentiel qui, d'apparence séduisante, nous blessera ou ne partagera pas les valeurs que nous avons fini par adopter. Chacune de ces tentations se présentera dans son propre emballage de dilemmes, et il sera difficile de naviguer entre ces choix que nous devrons pourtant faire.

Parfois, nous ne nous rendons pas compte que nous sommes tentées, et parfois, nous avons l'impression de ne pas avoir notre mot à dire sur la voie qui se profile. Mais nous avons toujours le choix. Cette carte vous enjoint à marquer un arrêt et à considérer les choix et leurs conséquences lorsque la tentation se présente à vous.

12

L'INITIATION

L'initiation est un précurseur nécessaire à toute transformation profonde. Si nous pensons à la transformation comme un processus alchimique, alors la première étape de l'alchimie est le stade initial ; les anciens alchimistes l'appelaient le *nigredo* (« noirceur »). Ce terme reflète la « nuit noire de l'âme » par laquelle nous passons lorsque nous endurons de profonds et déchirants changements dans nos vies.

Le *nigredo* est la phase la plus longue et la plus difficile en alchimie, pendant laquelle la substance qui se transforme souffre profondément. L'objectif de cette phase initiale de transformation est de réduire l'individu à son essence pure, de le dépouiller de ses parties essentielles. Les alchimistes le nomment procédé de mortification : littéralement « faire face aux parties mortes » de soi.

L'étape suivante de ce processus initiatique – appelé l'*albedo* (« blancheur ») – représente la purification psycho-spirituelle résultant de nos souffrances pendant le *nigredo*. En ce sens, toutes les initiations importantes prennent la forme de réceptacles de savoir. Elles nous invitent à apprendre mais aussi à nous développer – à nous débarrasser de notre écorce pour dévoiler pleinement notre cœur battant et vigoureux. La carte de l'Initiation vous rappelle que si vous vous préparez pour une traversée difficile et vous abandonnez au Voyage, plus rien ne sera comme avant.

13

LA TRANSFORMATION

La Transformation se produit à la suite d'expériences initiatiques difficiles, éprouvantes et alchimiques par nature. L'ancien art de l'alchimie se focalise sur les moyens dont une substance peut se métamorphoser en une autre, son objectif étant de perfectionner, de purifier ou de faire totalement évoluer le matériau en question. Dans les traditions mystérieuses occidentales, accéder à la gnose – la connaissance personnelle et l'illumination – résultait du processus qui mènerait finalement l'individu à un sentiment de plénitude et de possibilité.

La transformation est en fait le dénouement du Voyage de l'Héroïne, car la transformation est nécessaire à la vie. Être humain signifie toujours grandir, se transformer. Nous sommes toutes, au fond, des alchimistes.

Ce n'est qu'en nous autorisant à être transformées que nous pouvons espérer transformer le monde en retour. Si nous voulons changer la mythologie culturelle dominante qui renie la vie, nous déçoit et fait défaut à la planète, nous pouvons commencer par modifier les histoires que chacune d'entre nous a choisi de vivre. De fait, nous trouverons nos vocations et découvririons le don unique dont chacune d'entre nous pourra faire profiter le monde à ce moment précis. Cette carte nous invite à nous abandonner au processus essentiel de changement perpétuel.

14

LA MÉTAMORPHOSE

Se métamorphoser suppose une insupportable légèreté d'être, l'antithèse à la rigidité, et les mythes et traditions européens regorgent de femmes se métamorphosant. Les déesses passent constamment de la forme humaine à celle animale ; les hommes épousent des femmes-phoques et les héroïnes de contes de fées redonnent à leurs époux, transformés en ours, leur apparence humaine.

Ces traditions reflètent une ancienne vision du monde. Dans celle-ci, les humains étaient considérés comme partie intégrante du monde naturel, tout en étant apparentés aux autres entités non humaines qui y habitaient, plutôt que d'en être séparés et d'y exercer une domination, comme nous nous l'imaginons aujourd'hui. Ces êtres dotés du pouvoir de métamorphose représentent un aspect sauvage puissant et nécessaire en nous, que la civilisation moderne a entièrement anéanti.

Se métamorphoser, c'est embrasser la transformation dans toute l'imprévisibilité de ses complexités. C'est aussi reconnaître la souplesse de la relation qui unit l'humain à l'animal, respecter et cultiver la sagesse et les manières d'être des non-humains. En nous imaginant ne faire qu'un avec nos parents animaux, nous parviendrons à voir qu'il y a d'autres façons d'imaginer le monde et notre place en son sein. Nous pouvons découvrir des manières de vivre plus intensément, plus abondamment et avec un sentiment plus profond d'appartenance à ce monde vivant aux multiples strates.

15

LA RÉAPPROPRIATION DU FÉMININ

Une tâche essentielle dans le Voyage de la vie d'une femme est de découvrir, puis d'assimiler le principe féminin réprimé des siècles durant. C'est un antidote au principe masculin dont les valeurs ont dominé notre discours culturel, ici à l'Ouest, pendant bien trop longtemps. Nous avons besoin du féminin pour équilibrer cette course acharnée au succès, au progrès, cette dévotion aux personnalités intellectuelles, rationnelles et obsédées par la réussite.

Les qualités féminines d'empathie nous permettent d'apprécier et de vivre en harmonie avec les autres, humains ou non humains avec qui nous partageons cette terre. Elles nous permettent de comprendre les rythmes du monde naturel, ceux de nos propres corps et ceux des cycles et des saisons de nos vies. Ces qualités du principe féminin incluent également les qualités instinctives et émotionnelles traditionnellement associées avec le cœur et l'âme.

Cette carte nous invite à plonger plus profondément pour découvrir notre source intérieure de sagesse féminine, d'embrasser notre créativité individuelle et nos qualités de donneuses de vie, dans l'intérêt de notre propre développement et apport au monde.

16

LE MARIAGE SACRÉ

Le Voyage de l'Héroïne nous demande avant tout de reprendre possession de l'énergie féminine créative et générative enfouie en chacune d'entre nous. Mais avant que nous ne nous dirigions complètement vers la dernière étape de notre Voyage – notre retour au monde, chargées des dons que nous avons collectés tout au long du chemin – nous avons aussi besoin de travailler sur l'intégration et l'harmonisation des qualités masculines que nous possédons toutes.

Dans les traditions celtes, il s'agit du mariage sacré entre la déesse de la Souveraineté et le roi : le *hieros gamos*, l'union sacrée du masculin et du féminin –, qui est aussi la finalité de l'alchimie. Il est nécessaire car, en cherchant à restaurer le féminin dans notre culture, nous ne devons pas perdre de vue le fait que la racine de nos problèmes n'est pas la présence des qualités masculines dans le monde, mais plutôt que ces qualités sont devenues excessivement dominantes.

Les qualités que l'on considère comme féminines englobent la pleine conscience des dons d'incarnation mais aussi des manières intuitives, émotionnelles et empathiques d'être en ce monde. Au contraire, les qualités que l'on pense masculines sont actives, rationnelles, axées sur un but et structurantes, et traditionnellement associées à l'intellect et à l'esprit. Harmoniser ces différentes énergies en nous est un prérequis pour restaurer l'équilibre d'un monde extérieur qui a perdu de sa stabilité. Cette carte invite chacune d'entre nous à chercher une manière singulière de travailler avec ses qualités et de les équilibrer.

17

LE RETOUR

Lorsque l'Héroïne est de retour de son Voyage, elle rapporte au monde un présent – une manière de voir, d'être – qui lui est totalement propre. Elle doit commencer à décider comment, en utilisant ces dons singuliers, elle peut travailler à la restauration du principe du féminin fertile en ce monde, se faire porte-parole de la Terre, et donc assumer la responsabilité de la guérison des Terres désolées.

Dans le monde complexe dans lequel nous vivons, notre sagesse nouvelle devrait avant tout être implantée, enracinée et ancrée à la terre. Le pouvoir créatif et régénératif de la vie découle de notre compréhension de la place que nous occupons dans la grande trame de la vie. Notre mission, à notre retour, est d'aider à réenchanter notre relation à la Terre.

Mais le retour n'est pas toujours chose aisée et nous aimerions parfois y résister. Il est quelquefois plus facile, et de loin, de s'enfoncer dans la magie de l'autre-monde de ce Voyage. Pour certaines d'entre nous, la tentation est grande de rester en retrait d'un monde quotidien difficile, de nous retirer à jamais, de partir à la recherche d'un éveil spirituel personnel ou de la découverte de soi, le travail de toute une vie. Si nous le faisons, il est probable que, tôt ou tard, le monde vienne frapper à notre porte. Car, alors que le monde (et notre propre espèce) chancelle de crise en crise, que le cri de la Terre endeuillée résonne en nous, l'appel du retour retentit plus fort.

La carte du retour nous invite à imaginer un endroit dans lequel nous pouvons nous implanter, nous enraciner ; un endroit où nos dons singuliers et notre sagesse peuvent s'épanouir ; un endroit où nous pouvons pleinement embrasser le monde naturel qui nous entoure et notre rôle dans celui-ci. Un endroit d'où nous pouvons parler.

LES CARTES FOCUS

1

LA PEREGRINA

Cette carte représente la Peregrina – la femme pèlerin, l'Héroïne au début de son Voyage. Elle cherche quelque chose, bien qu'elle ne sache pas encore quoi. Comme le Fou du tarot, elle symbolise l'innocence : elle est ouverte, curieuse et prête à embrasser la vie. Pourtant, elle porte un capuchon et est vêtue chaudement pour un Voyage qui pourrait, en fin de compte, s'avérer difficile.

Alors qu'elle marche à travers ce terrain sauvage, loin de la civilisation dont elle a un jour fait partie, la Peregrina se débarrasse des liens qui l'entravent ; elle découvre une volonté de vivre dans le présent et n'a aucune présomption quant à la nature de ce qui pourrait suivre.

Gaiement, elle effectue ce Voyage seule. Mais ses familiers l'accompagnent car, selon les anciennes traditions européennes, on pensait que chacun d'entre nous venait en ce monde accompagné d'un guide spirituel : un *daïmôn*, dans la tradition grecque. Le guide spirituel est toujours en train d'essayer de nous aider à nous rappeler qui nous sommes et la raison pour laquelle nous avons choisi de venir ici. Il nous rappelle notre vocation, le grand don que nous sommes venues offrir au monde en ces temps troublés.

Cette carte nous remémore que c'est là la finalité de notre Voyage. Nous devons être prêtes à nous détacher de qui nous étions et de ce que nous pourrions être avant de pouvoir découvrir qui nous sommes réellement supposées être, et la nature de notre mission en ce monde.

2

ENRACINÉE

Cette carte symbolise la fin du Voyage que nous explorons dans cet oracle. Elle nous rappelle que les jours de la quête héroïque – avec ses conquêtes absolues, son héros pourfendeur de dragon sauvant le monde un coup d'épée à la fois – sont révolus. La notion de « Voyage du Héros » dérive de la mythologie occidentale, extrêmement individualiste, centrée sur l'humain et qui nous a tenues sous son joug pendant des siècles. Mais le Voyage dont les femmes ont à présent besoin est un Voyage post-héroïque, un Voyage de l'Héroïne, un cheminement pour comprendre à quel point nous sommes étroitement emmêlées dans la trame de la vie sur cette planète.

Ce Voyage nous reconduit à une conscience de notre propre appartenance et enracinement à cette Terre, et nous demande ce que nous avons à lui offrir. Être enracinées, c'est donc redevenir natives de nos terres, nous implanter solidement dans ce sol que nous foulons, dans les histoires et les traditions des lieux ancestraux d'où nous venons.

Être enracinées ne veut pas dire rester immobiles ou s'imaginer que nous détenons à présent toutes les réponses au mystère de nos vies dans ce monde complexe et changeant. Cela signifie plutôt reconnaître que le but de la vie est de grandir et de se transformer, et que le Voyage ne s'achève jamais. Le printemps arrive, la graine plantée sort du sol noir et fertile, et commence à pousser. En été, elle fleurit et s'épanouit, et en automne, récolte ses fruits. En hiver, elle se repose et régénère ses racines. Puis il est temps de revenir au tout début et de recommencer encore une fois.

À PROPOS DE L'ILLUSTRATRICE

Hannah Willow est une artiste et créatrice de bijoux qui puise son inspiration dans les histoires, les poèmes et les personnages enchâssés dans les paysages. Son imagerie fourmille d'animaux, de collines, de bois, de lieux primordiaux, de lunes, d'étoiles et de constellations.

Dans son travail, elle cherche à instiller des sentiments attachés aux lieux, au temps et à la magie, et à se connecter au savoir caché détenu par la terre et transmis de génération en génération. Son travail passe de la création de bijoux au dessin et à la peinture encore et encore, l'un se nourrissant de l'autre pour délivrer une histoire continue et en perpétuelle évolution.

Elle vit en Cornouailles (Grande-Bretagne) avec son mari, son chien, ses chats, poules, oies et, de temps à autre, ses grands enfants.

hannahwillow.com

À PROPOS DE L'AUTEURE

Sharon Blackie est une auteure primée, une psychologue et une spécialiste de la mythologie. Dans ses livres, cours, conférences et séminaires plébiscités, elle met en lumière le développement de l'imagination mythique et l'intérêt des mythes ancestraux, des contes de fées et des traditions folkloriques dans les problèmes personnels, sociaux et environnementaux auxquels nous sommes aujourd'hui confrontés.

Auteure de cinq ouvrages de fiction et de non-fiction, dont le best-seller *Femmes enracinées, femmes qui s'élèvent*, ses écrits ont également été publiés dans des anthologies, des recueils et dans plusieurs organes de presse internationaux. Ses livres ont été traduits dans plusieurs langues et elle a été interviewée par la BBC, la radio publique américaine et tous les grands médias dans son domaine d'expertise. Ses récompenses comptent le Roger Deakin Award et le Creative Scotland Writer's Award.

Sharon est membre de la Royal Society of Arts et a enseigné et donné des conférences dans plusieurs institutions académiques, organisations jungiennes, centres de retraites et festivals culturels à travers le monde.

sharonblackie.net